뚜두뚜두
안테나 같은 더듬이로 신호를 보내고

철커덕 철커덕
갑옷 입은 몸으로 뒤뚱뒤뚱

샥샥!
날아오를 땐 감춰 두었던 날개를 내밀며

얍!
알-애벌레-번데기-어른벌레로 변신은 기본

⋮

돋보기를 갖다 대고 곤충 생김새를 들여다보면
정말 로봇처럼 생긴 이 동물이
사자나 코끼리처럼 크지 않아서 다행이다 싶어요.

로봇 아닙니다 곤충입니다

펴낸날 2020년 5월 01일 초판 1쇄
2021년 5월 31일 초판 2쇄
지은이 이상헌

펴낸이 조영권
만든이 노인향, 백문기
꾸민이 ALL contents group

펴낸곳 비글스쿨
주소 서울 마포구 신수로 25-32, 101 (구수동)
전화 02) 701-7345~6 **팩스** 02) 701-7347
홈페이지 www.econature.co.kr
등록 제2007-000217호

ISBN 979-11-6450-008-6   73470

이상헌 ⓒ 2020

- 이 책의 일부나 전부를 다른 곳에 쓰려면 반드시 저작권자와 비글스쿨 모두에게서 동의를 받아야 합니다.
- 비글스쿨은 자연과학 전문 출판사 자연과생태의 어린이 브랜드입니다.
- 잘못된 책은 산 곳에서 바꾸어 줍니다.

어린이제품 안전특별법에 의한 기타 표시사항
제품명 도서 **제조자명** 비글스쿨 **제조국명** 한국 **전화번호** 02) 701-7345~6 **제조연월** 2020년 5월 **사용연령** 6세 이상
주소 (04092) 서울 마포구 신수로 25-32, 101 (구수동)
주의사항 종이에 베이거나 굵히지 않도록 주의하세요. 책 모서리가 날카로우니 던지거나 떨어뜨리지 마세요.

로봇 아닙니다 곤충입니다

글·사진 이상헌

비글스쿨

머리말

곤충 생김새는 불가사의할 만큼 다양하고, 살아가는 모습은 아주 기상천외합니다. 우리 시선을 조금만 아래로 옮기면 새로운 세계가 열립니다. 그래서 이 책은 은하수 한 귀퉁이, 구석진 지구에 이토록 놀라운 생물이 살고 있다는 선언과도 같지요.

저는 지난 10년간 오로지 곤충 사진만 찍었습니다. 그중에서도 곤충 생김새를 아주 자세하게 볼 수 있는 사진(초접사, extreme macro)에만 집중했습니다. 맨눈으로 볼 수 없는, 우주가 진화하며 만들어 놓은 아름다움에 흠뻑 빠졌기 때문입니다. 아마도 하늘 아래 새로운 것이 있다면 곤충 세계가 아닐까요?

"거인의 어깨 위에서 세상을 본다"라는 말이 있습니다. 지금껏 인류는 앞선 세대가 물려준 유산에 다음 세대가 새로운 것을 쌓아 올리면서 문명을 이루어 왔습니다. 제가 한 작업도 이와 같습니다. 어린이를 비롯한 다음 세대가 새로운 것을 만들어 가는 데에 이 책이 조금이나마 보탬이 되기를 바랍니다.

이상헌

추천글

우리는 하늘 끝의 일이나 바다 깊은 곳의 일에 대해 별로 아는 것이 없습니다. 잘 안다고 생각하는 동네 길가의 속살도 사실 잘 모릅니다. 그런데 모르던 것에 관심을 가지고 살펴보기 시작하면 신기한 것들이 우리 일상 속으로 들어옵니다.

곤충은 산과 들에만 살지 않습니다. 길가에도 있고 뜰이나 아파트 화단에도 있습니다. 그래서 누구나 한번쯤은 곤충을 손으로 잡아 본 적이 있을 겁니다. 그때 손끝으로 전해지는 힘이 생각보다 강해서 놀라지는 않았나요? 생명의 신비를 느끼지는 않았나요? 그건 분명 신비롭고 놀라운 경험일 텐데 일상으로 돌아오면 쉬이 잊고, 이내 신기한 것으로 가득 찬 세상을 속속들이 살펴보는 기회를 영영 잃어버리게 되지요. 그렇게 사람은 어린이에서 어른이 되는 걸까요?

『로봇 아닙니다 곤충입니다』는 사람 눈으로 관찰할 수 없는 미세한 곤충 세계를 사진으로 정밀하게 보여 주는 화보 도감입니다. 지금까지 본 적 없는 신비로운 세계로 우리를 안내합니다. 그래서인지 이 책을 보는 동안에는 호기심 반, 두려움 반으로 곤충을 바라보던 어린 시절로 돌아갈 수 있습니다. 어린이라면 곤충에 대한 호기심을 채우고, 두려움을 덜 수 있겠지요. 두려움은 무언가를 잘 모르는 데서 오며, 그 대상을 찬찬히 살피다 보면 사라지니까요.

이 책은 순서와 상관없이 아무 데나 펼쳐서 봐도 좋습니다. 곤충이라는 새로운 세계를 탐험하며 어른, 아이 구분 없이 모두가 세상을 조금 더 넓고 깊게 보는 방법을 알게 되기를 바랍니다.

사진가 김홍희

먼저 읽어 두세요

1. 곤충 생김새를 또렷하게 알고 곤충에 호감을 가질 수 있도록 작은 곤충의 생김새를 크게 찍어 실었습니다.

2. '곤충'이라는 큰 무리에 딸린 여러 작은 무리 가운데에서 대표 종을 뽑아 소개했습니다.
   작은 무리는 딱정벌레, 나비, 노린재, 메뚜기, 잠자리, 벌, 파리 무리를 가리킵니다. 이 밖에도 풀잠자리 무리, 강도래 무리 같은 다른 여러 무리는 따로 묶지 않고 맨 뒤쪽에 모아 실었습니다.

3. 한 무리에서 대표 종을 내세워 소개하는 까닭은 낯선 곤충을 만났을 때 그게 어떤 종류인지를 알아볼 수 있게 하려는 것입니다. 곤충 무리를 구분 짓는 단위인 '목'과 '과'에 따라 저마다 생김새 특징이 있습니다.
   곤충은 우리나라에만도 20,000종 가까이(2019년까지 공식 기록은 17,761종) 살기 때문에 모든 종의 이름을 외우거나 구별하기가 어렵습니다. 그래서 어떤 종류인지를 먼저 알아보는 것이 처음 곤충을 살필 때 중요합니다.

4. 이 책은 아무 곳을 펼쳐 보거나, 사진만 보거나, 설명까지 꼼꼼히 읽거나 어떤 방법으로 보아도 좋습니다. 원하는 대로 책과 놀다 보면 저절로 곤충 여러 무리를 구별할 수 있습니다.
   예를 들어 맨 처음에 나오는 '길앞잡이' 생김새를 기억한다는 것은 동물계-절지동물문-곤충강-딱정벌레목-딱정벌레과-길앞잡이아과에 속하는 여러 길앞잡이의 생김새를 자연스럽게 안다는 뜻입니다.

5. 맞춤법과 띄어쓰기는 〈표준국어대사전〉을 따랐습니다. 다만 생물 이름은 고유명사이므로 국어 표기 기준에 비추면 잘못되었더라도 그대로 썼습니다.

예를 들어 '과'를 나타낼 때 '딱정벌렛과'라고 써야 사이시옷 규정에 맞지만 생물 도감에서는 '딱정벌레과'라고 써야 바른 표기입니다.

또한 국어사전에는 '딱따구리', '쇠똥구리'로 올라 있더라도 실제 그 생물 이름은 '딱다구리', '소똥구리'라고 써야 맞습니다. 국어 표기 기준에 맞지 않는다고 해서 누군가의 이름을 바꿀 수는 없기 때문입니다.

차례

먼저 읽어 두세요 6
곤충 생김새를 들여다보기에 앞서 10

딱정벌레 무리
길앞잡이 16
아이누길앞잡이 18
도토리밤바구미 20
옻나무바구미 21
배자바구미 22
소바구미 23
멋쟁이딱정벌레 24
큰털보먼지벌레 26
풍뎅이 28
보라금풍뎅이 30
사슴풍뎅이 31
흰점박이꽃무지 32
검정무늬비단벌레 33
남생이무당벌레 34
산맴돌이거저리 36
남가뢰 37
큰넓적송장벌레 38
고려나무쑤시기 39
고오람왕버섯벌레 40
홍딱지반날개 41
큰남생이잎벌레 42
애둥글잎벌레 43
중국청람색잎벌레 44
넓적사슴벌레 45
톱사슴벌레 46
우리목하늘소 47
알락하늘소 48
하늘소 50
작은우단하늘소 52

나비 무리
남방노랑나비 56
큰줄흰나비 57
바둑돌부전나비 58
큰주홍부전나비 60
산호랑나비 62
제비나비 64
모시나비 66
뿔나비 67
네발나비 68
청띠신선나비 69
들신선나비 70
긴은점표범나비 71
애기세줄나비 72
왕오색나비 73
대왕나비 74
줄점팔랑나비 76
대왕팔랑나비 78
작은검은꼬리박각시 79
박각시 80
줄박각시 81
밤나무산누에나방 82
황다리독나방 84
쌍복판눈수염나방 86

노린재 무리
얼룩대장노린재 90
홍줄노린재 91
갈색날개노린재 92
제주노린재 93
대왕노린재 94
분홍다리노린재 95
광대노린재 96
톱다리개미허리노린재 97
왕침노린재 98
다리무늬침노린재 99
긴가위뿔노린재 100
늦털매미 102
유지매미 103
만주귀매미 104
소금강귀매미 105
노랑얼룩거품벌레 106
무늬긴날개멸구 108

메뚜기 무리

콩중이 112
풀무치 114
우리벼메뚜기 116
등검은메뚜기 118
방아깨비 119
중베짱이 120
날베짱이 122
갈색여치 124
여치 126
땅강아지 127

잠자리 무리

물잠자리 130
가는실잠자리 131
방울실잠자리 132
아시아실잠자리 134
날개띠좀잠자리 136
고추좀잠자리 137
흰얼굴좀잠자리 138
깃동잠자리 140
산깃동잠자리 141
진노란잠자리 142
먹줄왕잠자리 143
쇠측범잠자리 144

벌 무리

양봉꿀벌 148
호박벌 149
장수말벌 150
왕바다리 153
참땅벌 154
뱀허물쌍살벌 155
줄육니청벌 156
어리곤봉자루맵시벌 158
누런줄뭉툭맵시벌 160
납작혹벌 161
무늬수중다리좀벌 162
줄무늬감탕벌 163
열점박이알락가위벌 164
말총벌 165

파리 무리

수중다리꽃등에 168
왕소등에 170
빌로오도재니등에 171
꼽추등에 172
광대파리매 173
노랑털기생파리 174
호박꽃과실파리 175
아메리카동애등에 176
잠자리각다귀 177

다른 여러 무리

참밑들이 180
명주잠자리 181
애사마귀붙이 182
뱀잠자리붙이 184
분홍대벌레 186
사마귀 187
봄처녀하루살이 188
진강도래 189
고마로브집게벌레 190

곤충 생김새를 들여다보기에 앞서

이 책에 담긴 것은 곤충이에요.

누군가가 여러분에게 곤충이 무엇이냐고 묻는다면 무엇이라고 답할 수 있을까요?

곤충은 생물 이에요

주변을 둘러보세요.

무엇이 보이나요?

우리 눈에 보이는 것들은 크게 둘 가운데 하나예요.

바로 살아 있는 것과 살아 있지 않은 거예요.

책, 컵, 돌멩이처럼 목숨이 없는 것은 무생물이라고 하며

풀꽃, 나무, 강아지처럼 목숨이 있는 것은 생물이라고 해요.

곤충도 살아 숨 쉬니 생물이에요.

무생물: 책, 컵, 돌멩이

생물: 풀꽃, 나무, 강아지

생물 가운데 동물 이에요

생물은 또다시 크게 둘로 나뉘어요.
바로 식물과 동물이에요.
식물은 스스로 움직일 수 없고
동물은 스스로 돌아다닐 수 있어요.
식물은 움직이지 않고 뿌리 내린 자리에서 평생을 살아요.
동물은 기거나 헤엄치거나 걷거나 날아서 옮겨 다녀요.
곤충은 기고 걷고 날 수 있으니 동물이에요.

식물
나무

동물
얼룩말

동물 가운데 절지동물 이에요

생김새가 다양한 동물 가운데 몸이 마디로 되어 있는 것을 절지동물이라고 해요.
절지(節: 마디 절, 肢: 팔다리 지)는 '마디다리'라는 뜻이에요. 몸이며 다리가 마디로 나뉘고,
뼈가 살 속에 있지 않고 밖으로 드러난 게나 가재, 전갈, 곤충이 모두 절지동물이에요.

절지동물

게   가재   전갈

곤충   거미

절지동물 가운데 다리가 여섯 개, 날개가 네 장 있는 무리 예요

절지동물 가운데 곤충만 지닌 특징이 있어요.
바로 날개가 있고 다리가 여섯 개 있다는 점이에요.
지구에 사는 동물 가운데 날개가 있는 것은 새와 곤충뿐이에요.
그런데 새는 날개가 두 장이지만, 곤충은 네 장이지요.
그리고 다리가 여섯 개 있는 동물은 곤충뿐이에요.
포유류와 파충류는 네 개, 거미는 여덟 개, 새우나 게는 열 개예요.

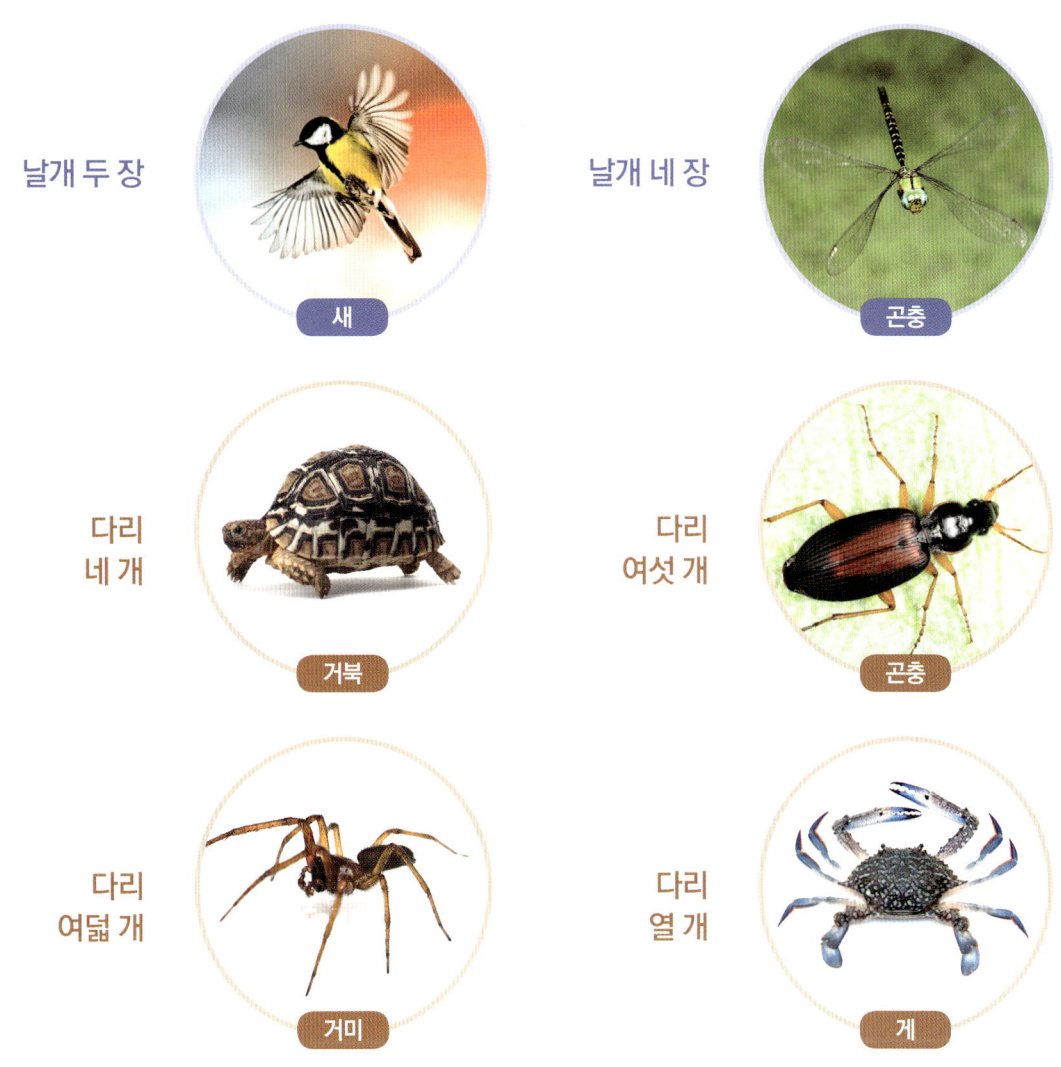

이제 누군가가 곤충이 무엇이냐고 묻는다면 알맞게 답해 줄 수 있나요?

"**다리가 여섯 개 있고, 날개가 네 장 있는 동물이야**" 라고 말이지요.

PART 01
딱정벌레 무리

앞날개가 딱딱한 무리예요.
곤충에게는 날개가 네 장 있어요.
딱정벌레 무리는 그 가운데
앞날개 두 장이 딱딱하게 변해서
몸을 덮어 보호해요.

딱정벌레목 딱정벌레과

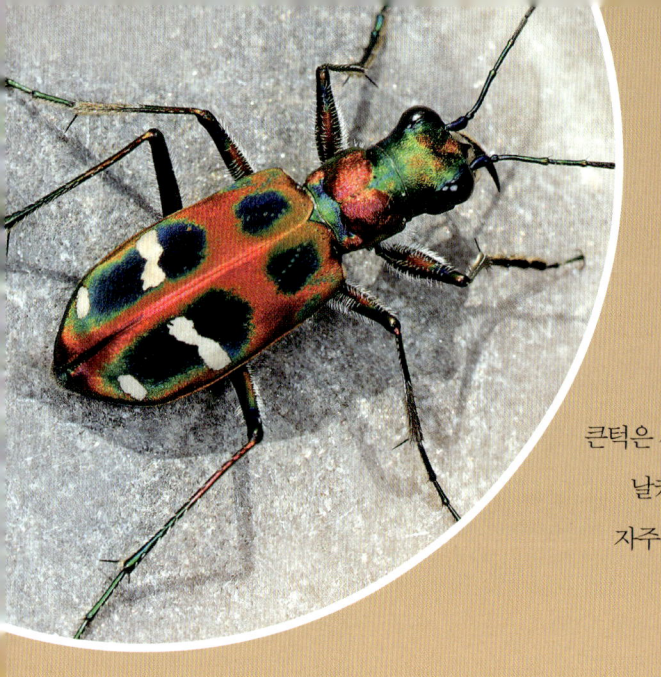

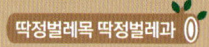

길앞잡이

개구리 왕눈이처럼 눈이 툭 튀어나왔어요.
큰턱은 사냥한 먹이를 우적우적 씹어 먹을 수 있을 만큼 크며,
날카로운 톱날이 돋았어요. 딱지날개는 청록색과 붉은색,
자주색 등이 어우러져서 꼭 색동옷을 입은 듯이 화려해요.
길앞잡이들은 겹눈으로 사냥감을 추적하고
긴 다리로 재빨리 쫓아가서 큰턱으로 먹이를 물어요.

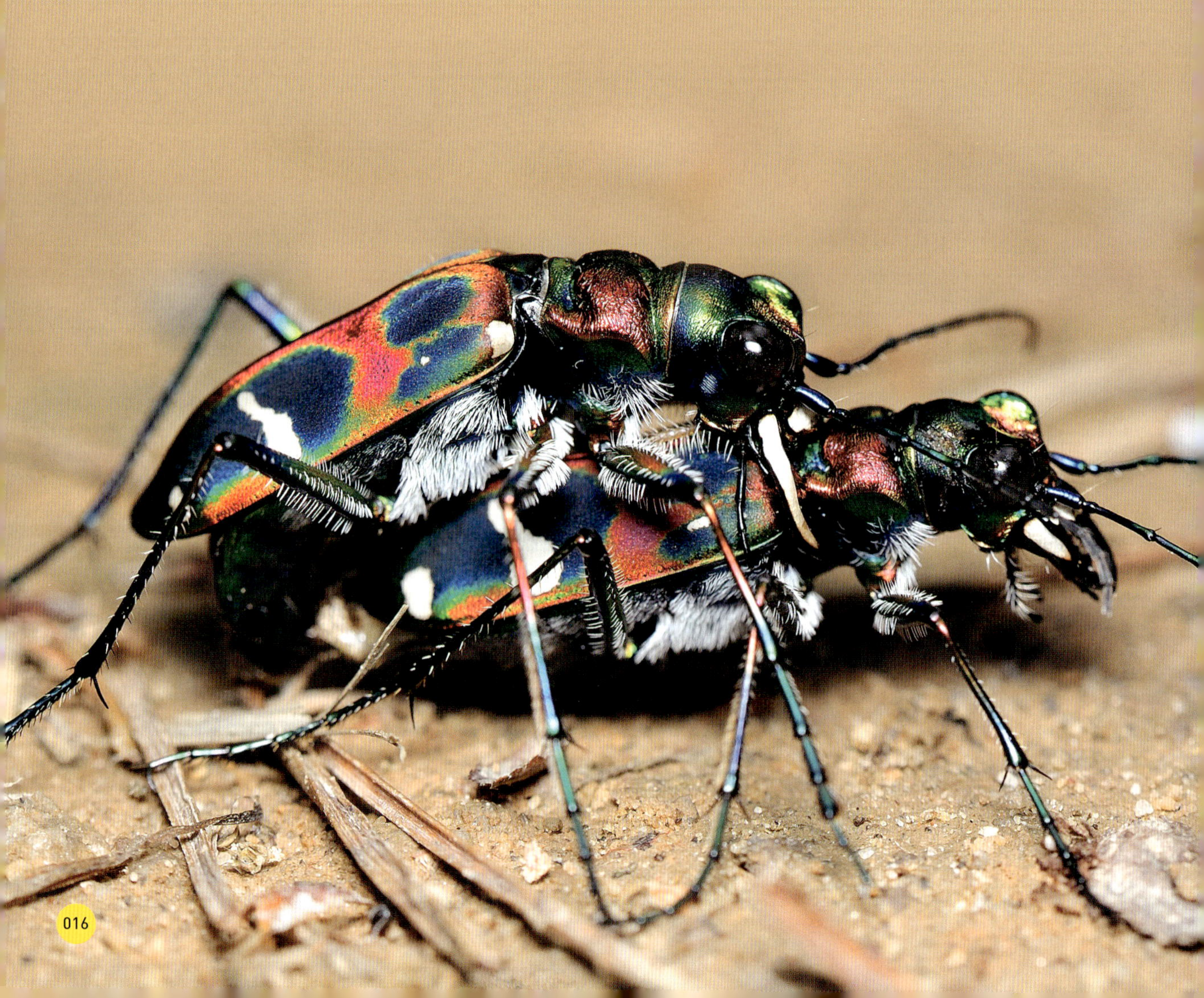

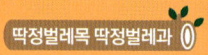
딱정벌레목 딱정벌레과

아이누길앞잡이

길앞잡이보다 크기는 조금 작고 눈도 덜 튀어나왔지만 톱날 같은 큰턱을
쩍 벌리면 똑같이 무서워요. 온몸에 쇳빛이 돌아 길앞잡이만큼 화려해 보이지는 않지만
자세히 보면 알록달록한 광택이 조금 돌아요. 가끔 온몸이 녹색인 것도 있어요.
길앞잡이들은 빠르게 달릴 수 있기 때문에 날개가 있는데도 잘 날지 않아요.
사람이 다가가면 약 올리듯 찔끔 달려가다가 멈추고는 뒤돌아보고,
또 다가서면 다시 찔끔 달려가다 멈춰 돌아서기를 반복해요.
이런 행동이 마치 길을 안내하는 듯해서
길앞잡이라는 이름이 붙었어요.

딱정벌레목 바구미과

도토리밤바구미

피노키오처럼 쭉 뻗은 것은 코가 아니고 주둥이예요.
주둥이 양옆으로 더듬이가 안테나처럼 뻗었어요.
눈이 새까매서 꼭 선글라스를 쓴 것 같아요.
넓적다리마디가 튼실한 근육처럼 불룩해요. 바구미들
주둥이 끝에는 톱날 같은 돌기가 있어서 나무나 열매를 쏙쏙
갉아 구멍을 내고는 그 속에 알을 낳아요. 깨어난 애벌레는
도토리나 밤을 파먹으며 자라요.

딱정벌레목 바구미과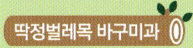
옻나무바구미

바늘 하나 들어갈 것 같지 않은 우둘투둘한 갑옷을 입었어요. 길고 단단한 주둥이로 무엇이든 뚫을 수 있겠어요. 주둥이 양옆에 달린 더듬이는 예쁘게 땋은 갈래머리 같아요. 온몸이 우둘투둘한 것이 마치 옻이 옮은 것 같다고 해서 옻나무라는 이름이 붙었어요.

바구미들은 위험을 느끼면 까무러쳐서 바닥으로 툭 떨어져요. 죽은 동물을 먹지 않는 새들을 속이는 방법이에요. 시간이 조금 지나면 몸을 부르르 떨며 깨어나요.

딱정벌레목 바구미과

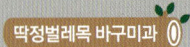

배자바구미

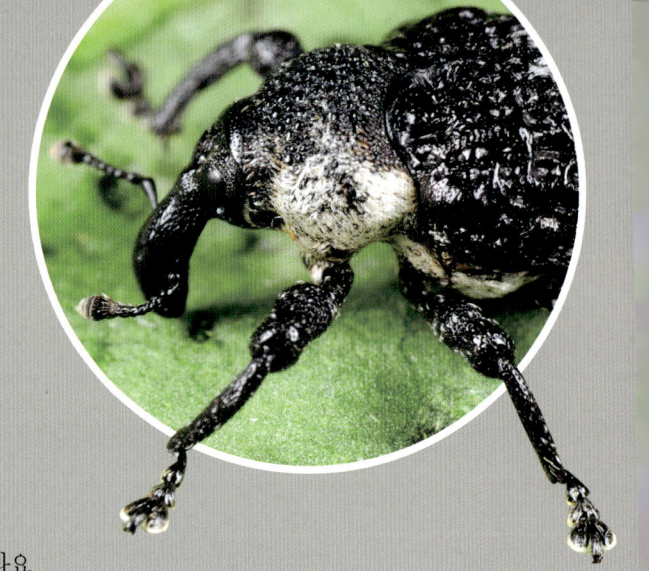

주둥이가 넓적하고 두툼한 것이 긴코원숭이를 닮았어요.
다리 끝에 흰 털이 나 있어서 꼭 털신을 신은 것 같아요.
배자는 여자들이 한복 저고리에 덧입는 옷이에요.
소매가 없는 양복 조끼와 비슷하게 생겼어요.
검은색과 흰색으로 이루어진 몸이 배자를 떠올리게 했나 봐요.

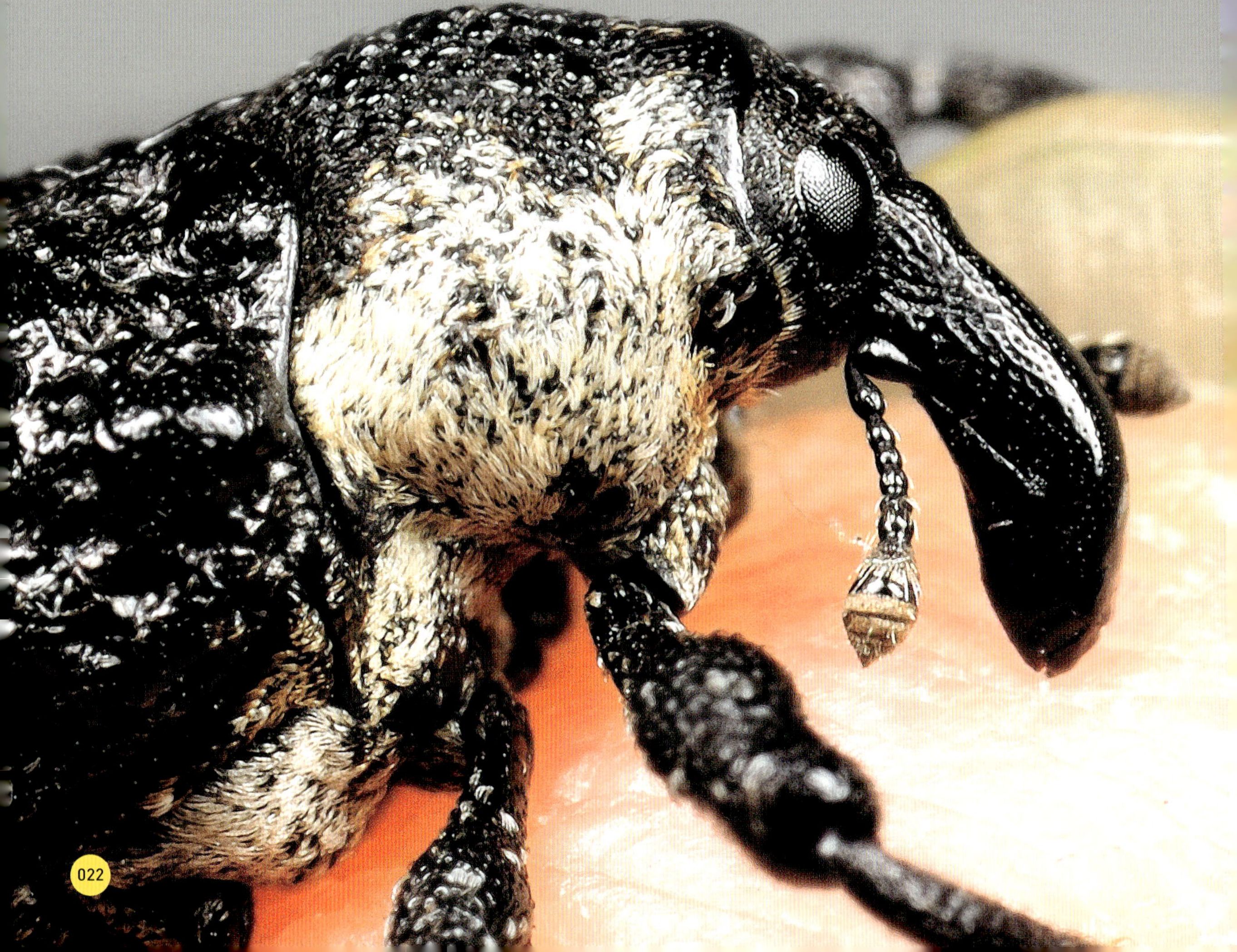

딱정벌레목 바구미과

소바구미

앗! 눈은 어디 있지?
양쪽으로 툭 튀어나온 뿔 끝에 까만 눈이 달렸어요.
위에서 보면 눈이 달린 모양이 귀상어와 비슷하네요.
앞에서 보면 얼굴에 아무것도 없는 달걀 귀신 같아요!
암컷은 뿔이 튀어나오지 않았어요.

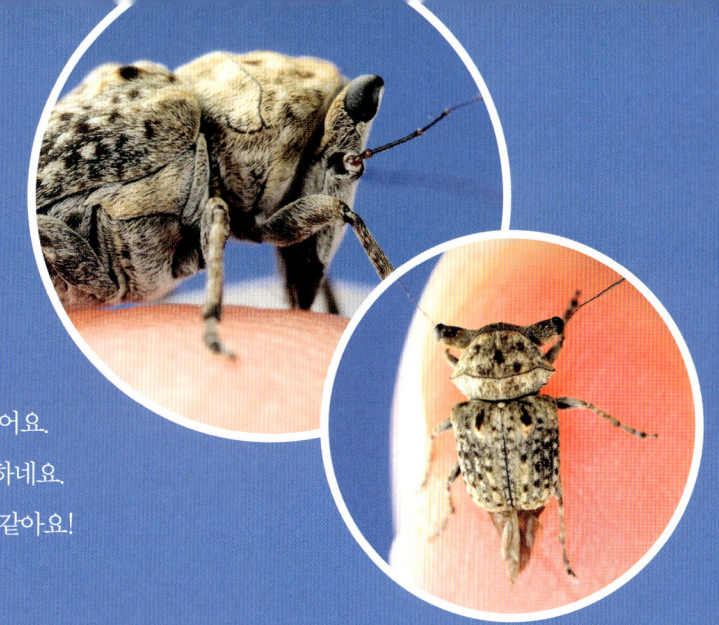

딱정벌레목 딱정벌레과

멋쟁이딱정벌레

오이처럼 길쭉한 머리 양옆에 까만 눈이 방울처럼 달렸어요.

머리 끝에 퐁퐁 뚫린 구멍은 하마 콧구멍 같아요.

딱지날개에는 누가 곱게 박음질해 놓았나 봐요. 빛에 따라서 몸에 도는 광택 색깔이 달라져요.

딱정벌레들은 밤에 나와 돌아다니며 작은 동물을 사냥해요.

생김새는 멋지지만 손으로 잡으면 암모니아 같은 고약한 냄새를 풍겨요.

속날개가 사라져 날지는 못하지만 걸음이 매우 빨라요.

딱정벌레목 딱정벌레과

큰털보먼지벌레

누가 꾹 누른 것처럼 머리와 가슴이 납작해요. 검은색 딱지날개에 있는 노란 반점 네 개가 돋보여요. 낮에는 돌이나 낙엽 밑, 흙 속에 숨어 있다가 밤에 나와 활동해요. 잠시도 가만히 있지 않고 돌아다녀요.

딱정벌레목 풍뎅이과

풍뎅이

얼굴은 넓적하고 눈에는 호기심이 가득해 보여요. 노란 더듬이 끝은 삼지창처럼 갈라졌어요. 볕에서 보면 초록색 광택이 대단해요.

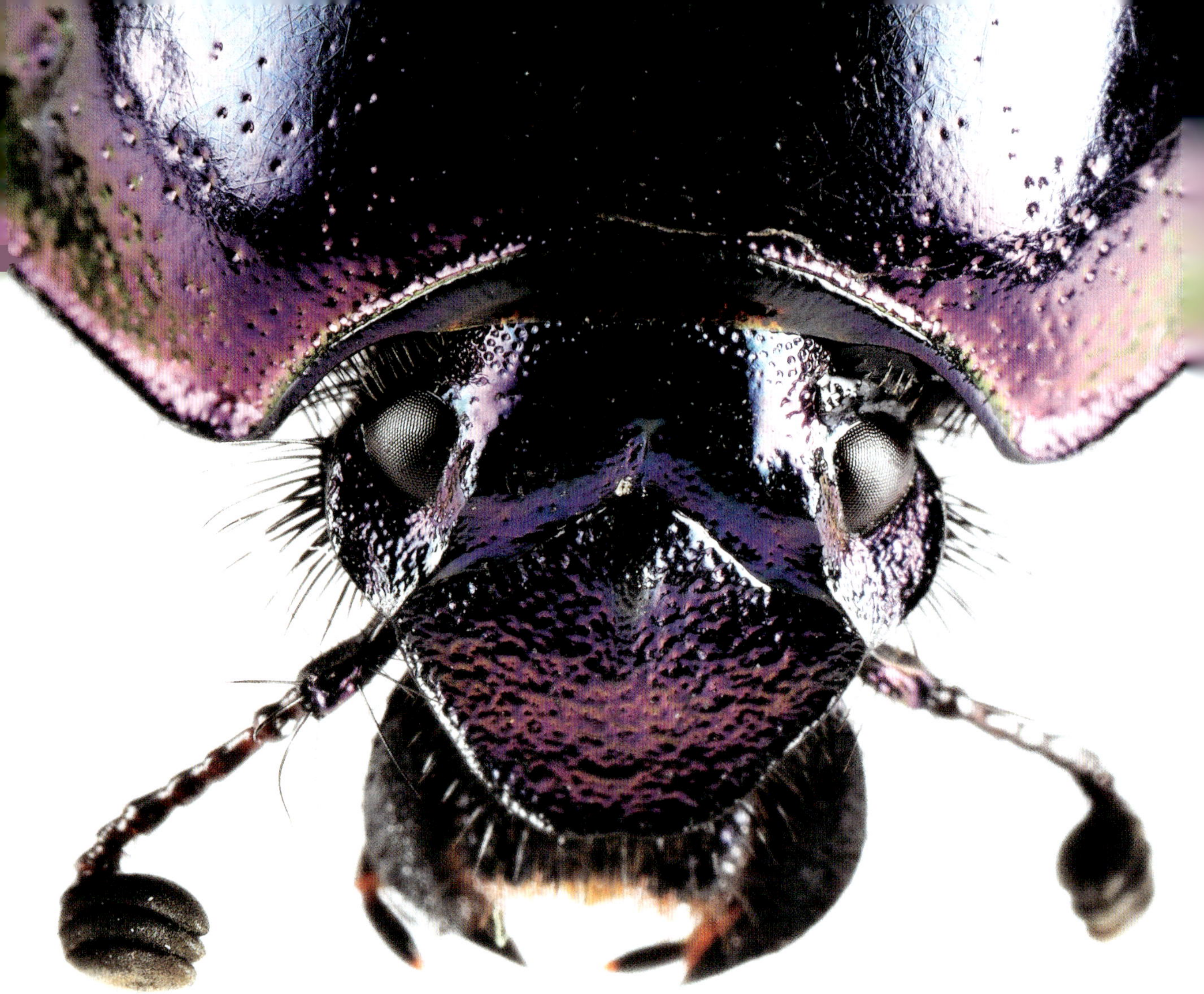

딱정벌레목 금풍뎅이과

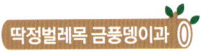

보라금풍뎅이

센털이 삐죽삐죽 돋았고 더듬이는 국자처럼 생겼어요.
햇빛 아래에서 보면 광택이 나는 보랏빛이며,
보는 각도에 따라서는 푸른빛과 초록빛도 살짝 보여요.

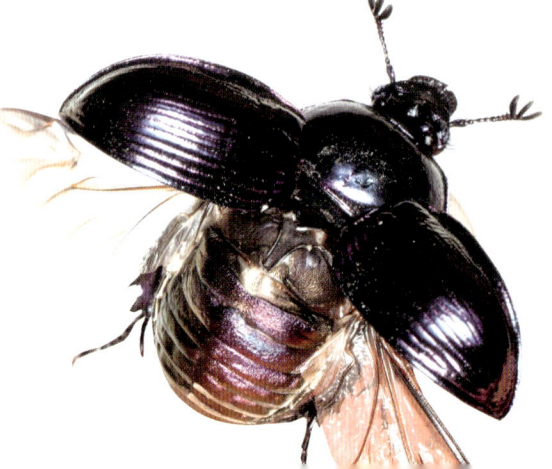

딱정벌레목 꽃무지과 ❶
사슴풍뎅이

수컷은 머리 앞쪽으로 사슴뿔처럼 생긴 긴 뿔이 뻗었어요. 꼭 왕관을 쓴 것 같아요. 가슴에는 누가 까만 물감으로 굵은 선을 그려 놓은 듯하고요. 수컷은 앞다리가 무척 길어요. 참나무 진이나 암컷을 차지하려고 다른 수컷과 경쟁할 때 몸을 세우고 다리를 넓게 벌려 겁을 주어요. 사슴풍뎅이는 이름에 풍뎅이라는 말이 붙었지만 꽃무지 종류예요. 풍뎅이 무리는 딱지날개와 속날개를 활짝 펼치고 날지만, 꽃무지 무리는 딱지날개를 펼치지 않고 딱지날개 옆으로 속날개를 내밀어 날아요.

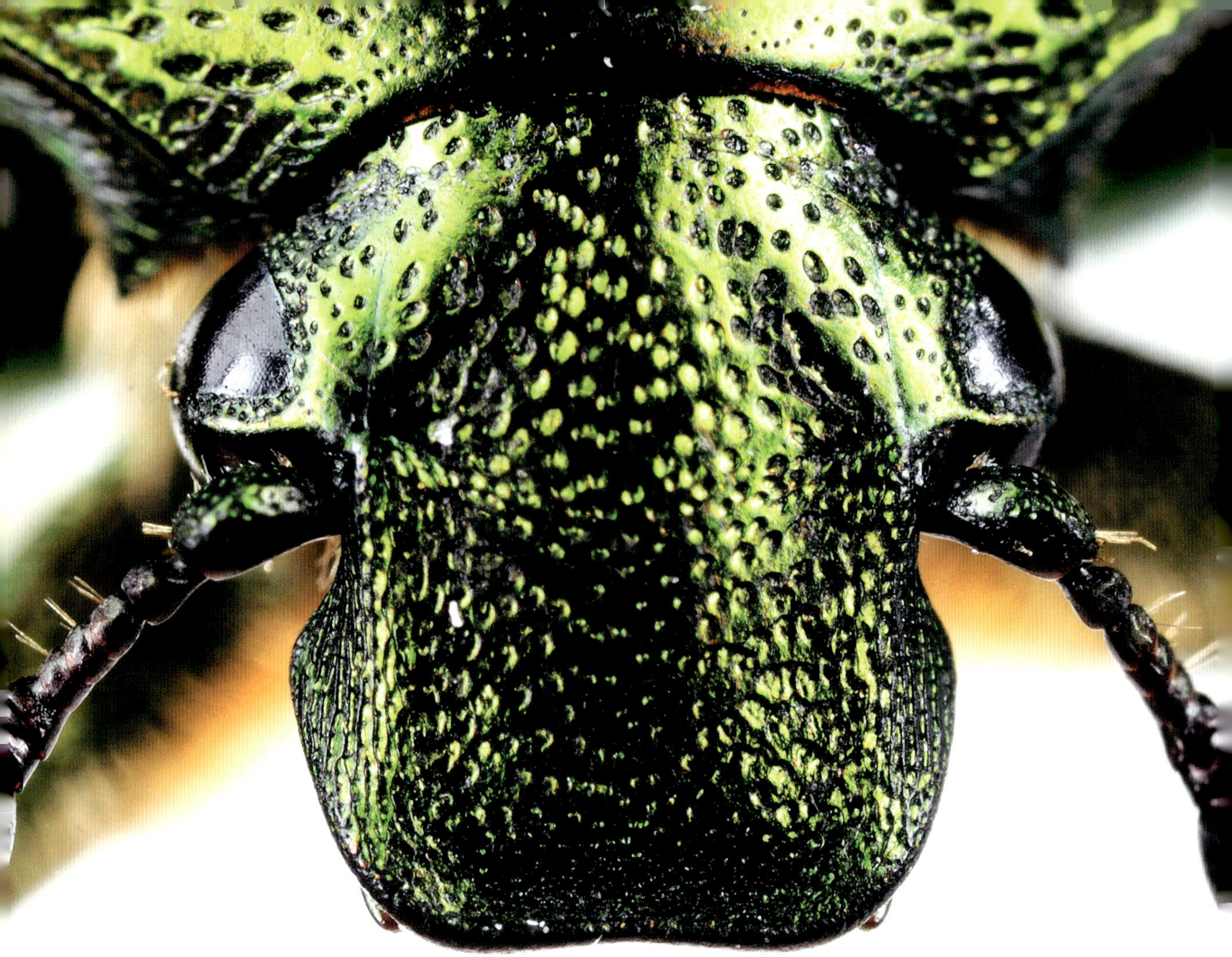

딱정벌레목 꽃무지과

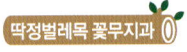

흰점박이꽃무지

이마가 넓적하며 앞으로 튀어나왔고 끝은 반듯하게 잘린 듯해요.

짧고 굵은 더듬이는 끝이 둥그렇게 부풀었어요.

온몸에서 에메랄드 빛 광택이 돌고,

딱지날개에는 흰무늬가 어지러이 퍼져 있어요.

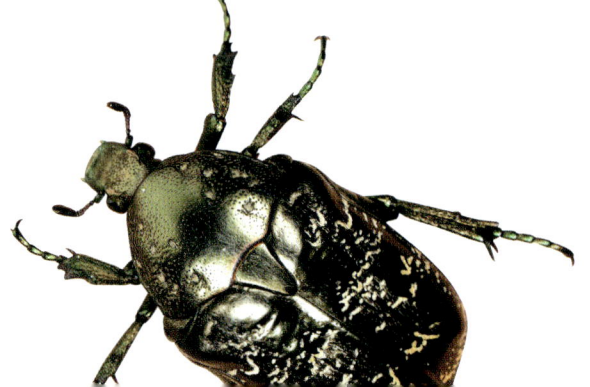

딱정벌레목 비단벌레과

검정무늬 비단벌레

머리는 작은데 눈은 커요.
온몸에 반짝이는 초록색,
노란색, 분홍색, 푸른색 가루를
뿌려 놓은 것처럼 화려해요.

딱정벌레목 무당벌레과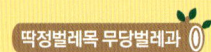
남생이무당벌레

머리가 작고 까만데 눈도 까매서 마치 가슴 양옆에 있는 흰무늬가 눈처럼 보여요.
남생이는 우리나라 민물에 사는 토종 거북이에요. 딱지날개 무늬가 남생이 등딱지랑 닮았다고 해서
남생이라는 이름이 붙었어요. 우리나라 무당벌레 가운데 제일 커요. 늦가을이 되면 한곳에 모여 겨울을 나요.
애벌레 때 잎벌레를 잡아먹고 살기 때문에 버들잎벌레가 사는 버드나무에서 많이 보여요.
위험을 느끼면 천적이 싫어하는 빨간 핏방울을 흘리는데, 냄새를 맡아 보니 더덕 냄새 같았어요.

딱정벌레목 거저리과

산맴돌이거저리

겹눈이 평평하고 가장자리가 움푹 들어갔어요.
앞에서 보면 쉼표 같기도 해요.
광택이 없는 딱지날개에 밭고랑처럼 홈이
파였어요. 거저리 가운데 가장 많이 보여요.
썩은 나무를 제일 좋아하지만 가리지 않고
다 잘 먹어요. 한 장소에 머물면서 주변을 빙빙 돌
며 먹이를 찾아요.. 거저리 애벌레는 사람이 먹는
곤충으로 많이 쓰여요.

딱정벌레목 가뢰과

남가뢰

머리는 삼각형이고 가슴보다 폭이 넓어요. 머리부터 딱지날개까지 구멍이 송송 나서 오돌토돌해요. 배가 무척 커서 딱지날개가 배를 거의 덮지 못해요. 온몸이 짙은 남색이고 배가 길쭉하게 늘어진 모습이 꼭 까만 드레스를 입은 마녀 말레피센트 같아요. 위험을 느끼면 다리 관절에서 노란색 독물 방울이 나와요. 이 독물에 닿으면 화끈거리고 피부에 물집이 생겨요. 남가뢰 애벌레는 꽃에 앉아 있다가 꿀을 찾아온 벌 다리에 매달려 벌집으로 따라가서 꿀을 훔쳐 먹고 벌 애벌레도 잡아 먹어요.

딱정벌레목 송장벌레과

큰넓적송장벌레

몸은 넓적하고 머리는 매우 작아요. 그래서인지 얼굴은 작고 덩치는 큰 스테고사우루스가 떠올라요. 더듬이는 작은 마디마디가 이어지다가 끝으로 갈수록 마디가 두툼해져요. 죽은 동물을 먹어 분해하는 청소 동물이에요. 송장벌레가 없다면 마을과 숲 여기저기는 죽은 동물로 넘쳐날 거예요.

딱정벌레목 나무쑤시기과

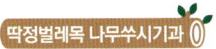

고려나무쑤시기

무딘 화살촉 같은 머리 양옆으로 눈이 툭 불거졌어요. 더듬이는 장미 꽃봉오리와 줄기를 닮았어요. 몸은 납작하고 꼭 나무껍질처럼 보여요. 딱지날개에 잣을 네 개 얹어 놓은 것 같아요. 참나무 진이 흐르는 곳에서 볼 수 있어요. 위험을 느끼면 게걸음을 치듯 살짝살짝 옆으로 튀어 도망가요. 참나무 껍질 사이에서는 위아래보다 옆으로 도망가는 게 천적을 피하기에 유리한 것 같아요.

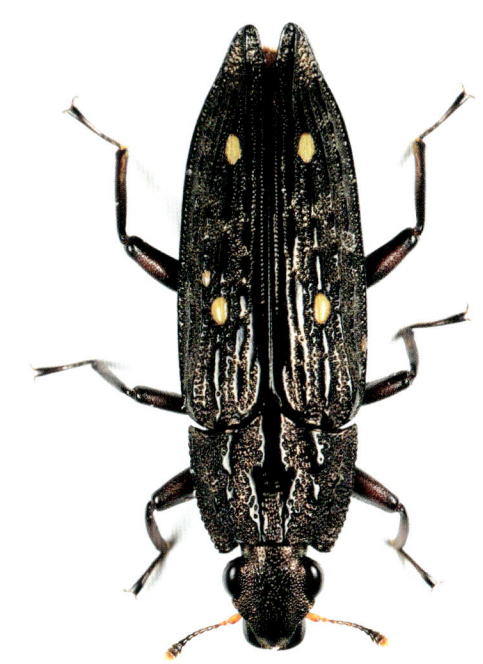

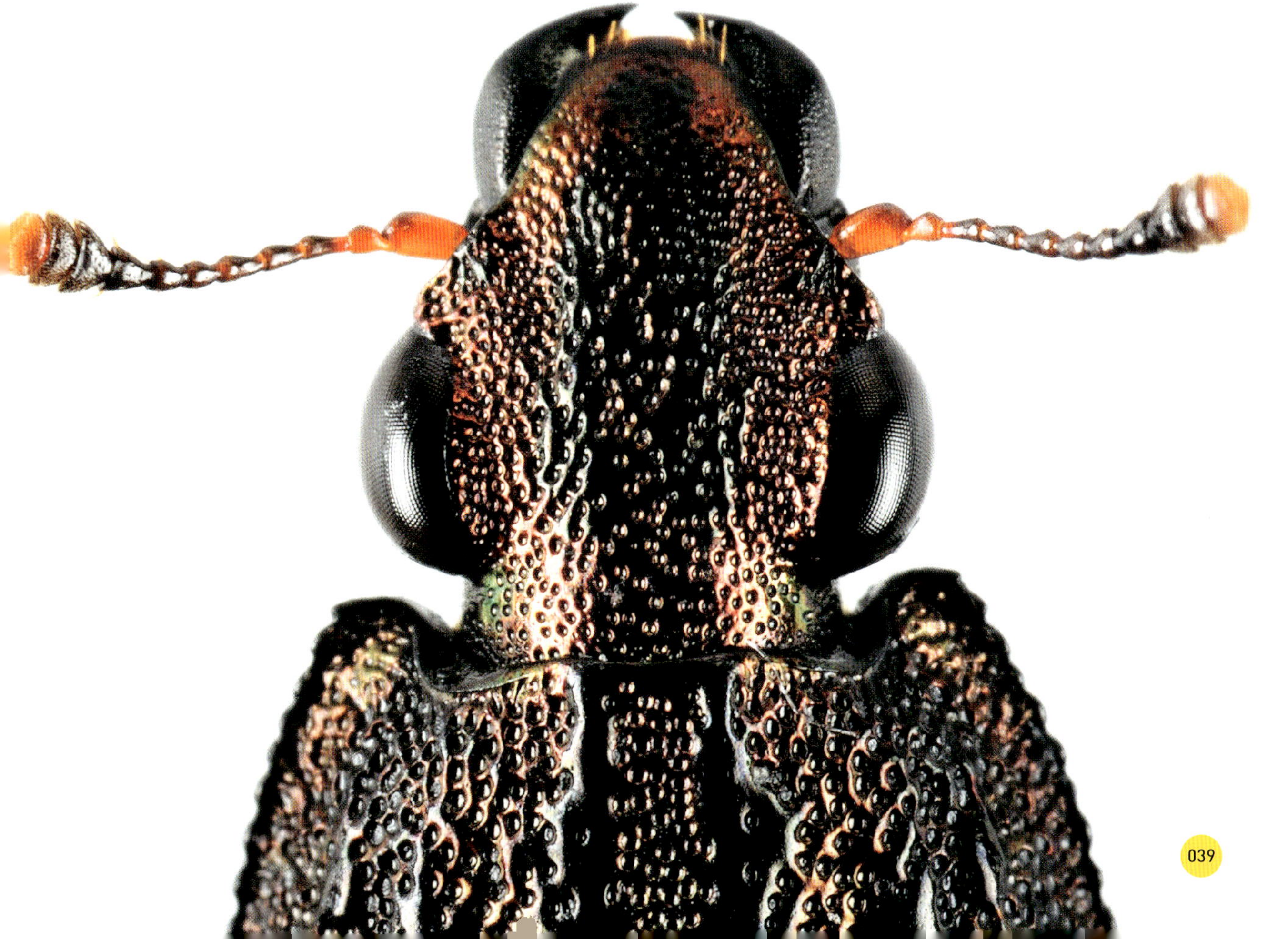

딱정벌레목 버섯벌레과

고오람왕버섯벌레

더듬이 끝에 큰 동그라미와 세모가 달려 있어서 더듬이가 꼭 과일 꼬치 같아요. 딱지날개에 또렷한 주홍 무늬가 네 개 있어요. 몸은 언뜻 매끄러워 보이지만 사실 오돌토돌해요. 평생 버섯에서 살며 버섯이나 균사를 먹어요.

딱정벌레목 반날개과 ❶
홍딱지반날개

딱지날개가 몸을 반만 덮을 만큼 짧아서 반날개라는 이름이 붙었어요.
짧고 보들보들해 보이는 딱지날개와 투명한 속날개는 벨벳과 레이스로 지은 드레스 같아요.
반날개도 송장벌레처럼 죽은 동물을 먹어 치우는 청소부이지만 살아 있는 벌레를 잡아먹기도 해요.
밤에 움직이며, 성질이 사납고 엄청 발발거려요.

딱정벌레목 잎벌레과 ❶

큰남생이잎벌레

투명한 딱지날개가 얼굴과 온몸을 덮고 있어요.
커다랗고 단단한 비옷을 입은 것 같아요.
잎이나 나무에 찰싹 달라붙으면 떼어 내기 어려워요.
애벌레 시기에는 천적 입맛을 뚝 떨어지게 하려고
자기가 싼 똥을 등에 지고 다녀요.

딱정벌레목 잎벌레과

애둥글잎벌레

온몸이 주황색이며 딱지날개가 얇아서 속날개가 살짝 비쳐요. 암컷보다 수컷 이마가 더 사각형이고 커요.

딱정벌레목 잎벌레과

중국청람색잎벌레

두꺼운 앞가슴등판이 머리를 많이 덮어서
헬멧을 쓴 것 같아요. 햇빛 아래서 보면 광택 있는
짙은 남색에 보랏빛이 돌아요.
박주가리와 고구마 잎을 먹으며 특히
박주가리 잎에 많아요.

딱정벌레목 사슴벌레과

넓적사슴벌레

수컷은 사각형 머리 앞쪽으로 톱처럼 생긴 큰턱이 길게 뻗었어요. 암컷은 큰턱이 짧아 다른 종처럼 보여요. 밤에 참나무 진에 모여요. 입에 있는 노란 털 다발을 참나무 진에 대면 물에 댄 마른 종이가 서서히 축축해지는 것처럼 나무진을 빨아들일 수 있어요.

딱정벌레목 사슴벌레과

톱사슴벌레

긴 큰턱은 아래로 부드럽게 굽었어요.
온몸에 짙은 갈색 빛이 은은하게 돌아요.
밤에 참나무 진에 모이지만 낮에도 종종 보여요.
다른 사슴벌레에 비해 성격이 급하고,
잠시도 가만히 있지 않아요.

딱정벌레목 하늘소과

우리목하늘소

단단한 나무를 물어뜯을 만큼 큰턱이 무척 튼튼해요. 가슴이 무척 두꺼워서 머리와 이어져요. 온몸에 보송보송 털이 있어서 춥지 않겠어요. 딱지날개 무늬가 나무껍질과 비슷해서 나무에 있으면 찾기가 쉽지 않아요.

딱정벌레목 하늘소과

알락하늘소

새까만 몸에 누가 흰색 페인트를 똑똑 떨어트린 것 같아요.
다리와 더듬이 밑동은 검푸른색을 띠어요.
학교 운동장이나 길가에 많이 심는 양버즘나무(플라타너스) 밑동에
구멍을 뚫는 곤충은 대부분 알락하늘소예요.

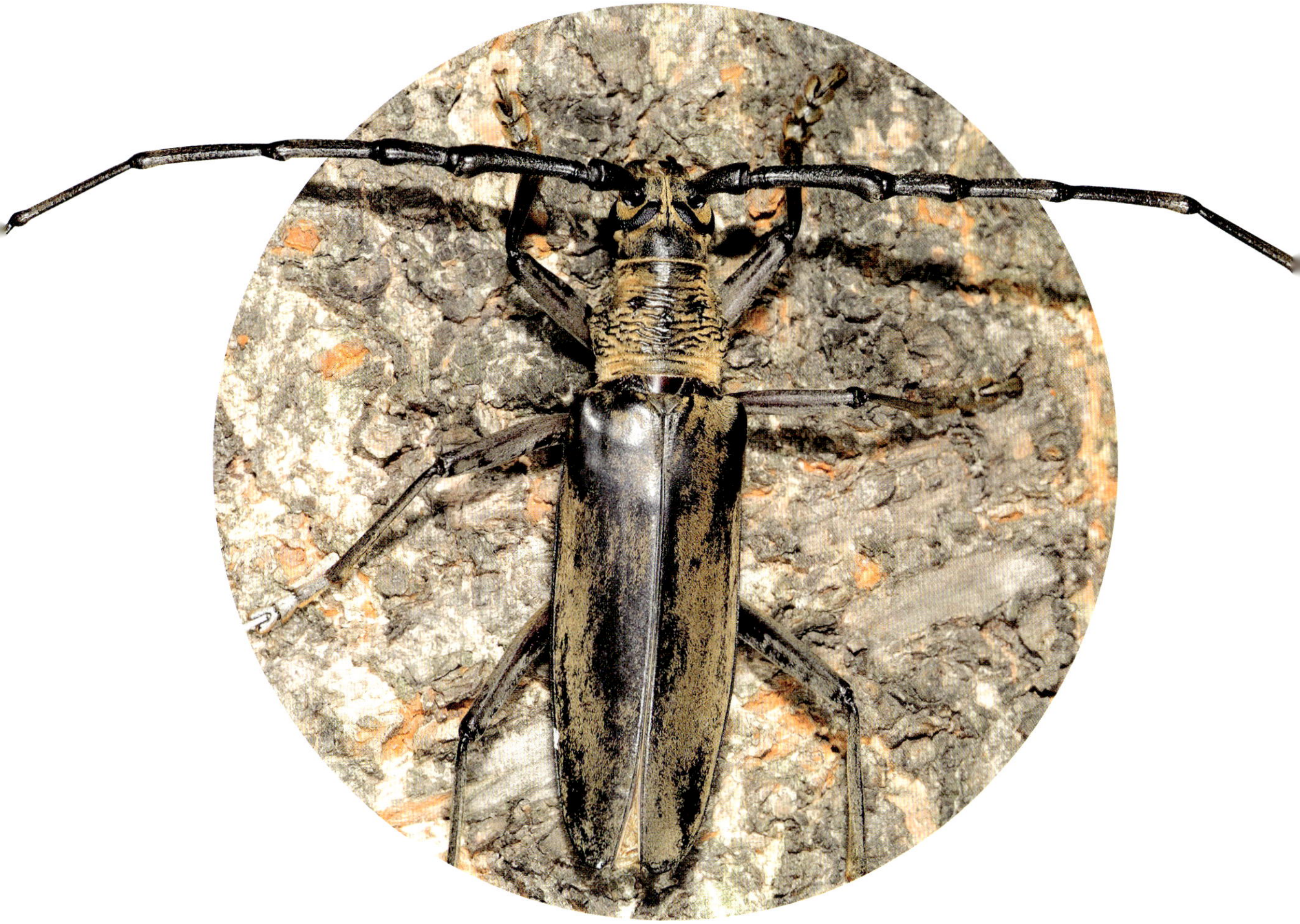

딱정벌레목 하늘소과

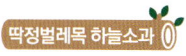

하늘소

작은 머리에 나뭇가지 같은 더듬이가 길게 달렸어요. 온몸이 누런 털로 덮였어요.

앞가슴등판에 주름이 있어서 두툼한 터틀넥을 입은 것 같아요.

몸길이가 6cm나 될 만큼 길어서 많은 사람이 장수하늘소라고 잘못 아는 종이에요.

딱정벌레목 하늘소과

작은우단하늘소

몸보다 훨씬 긴 더듬이가 돋보여요. 하늘소들 수컷은 대부분 더듬이가 길쭉해요.
우단은 벨벳이라고도 하는 부드러운 고급 천이에요.
온몸이 짧고 부드러운 털로 덮여서 이런 이름이 붙었어요.

PART 02
나비 무리

몸에 비해 날개가 무척 크고 넓어요.
나풀나풀, 팔랑팔랑
나비가 나는 모습과 참 잘 어울리는 말이에요.
나비 날개에는 털 비늘이 겹겹이 덮여 있어서
빗물이 스며들지 못해요.
긴 주둥이를 내밀어 꿀이나 즙을 빨아 먹어요.

나비목 흰나비과

남방노랑나비

얼굴 대부분을 덮을 만큼 눈이 커요.
눈 사이에는 긴 대롱입이 돌돌
말려 있어요. 짙은 노란색 날개에
검은 점이 콕콕 박혀 있어요.
연약해 보이지만
어른벌레로 겨울을 나요.

나비목 흰나비과

큰줄흰나비

누런빛이나 초록빛이 도는 큰 눈에 검은 점이 박혀 있어요.
털로 덮인 얼굴 한가운데에는 대롱입이 말려 있고요.
날개에는 밀가루가 가득 묻은 걸까요?
애벌레는 배추, 무, 양배추 같은 농작물 잎을 갉아 먹어요.

나비목 부전나비과

바둑돌부전나비

보들보들하고 하얀 털옷을 입었나 봐요. 더듬이 끝에는 노랗게 불이 들어온 것 같아요. 눈이 크고 새까매서 까만 가면을 쓴 것처럼 보여요. 애벌레는 조릿대 같은 가느다란 대나무에 사는 진딧물을 잡아먹고, 어른벌레는 진딧물의 배설물을 먹어요. 우리나라 나비 가운데 유일하게 육식만 하는 나비예요.

큰주홍부전나비

까만 더듬이 마디마다 흰 띠가 있어요.
날개 아랫면에는 검은 점이 박혀 있지만
수컷 날개 윗면은 모두 주홍빛 비늘가루로
덮여 있어요. 개울물이 흐르는 탁 트인
풀밭이나 논 근처 풀밭에서 볼 수 있어요.
애벌레는 소리쟁이를 먹어요.

나비목 호랑나비과 ①

산호랑나비

노란 목도리를 두른 것 같지요? 두꺼운 대롱입이 목도리 안으로 돌돌 말려 있어서
꼭 이어진 동그라미처럼 보여요. 날개에는 누가 두꺼운 크레파스로 색칠을 했나 봐요.
뒷날개 끝트머리가 꼬리처럼 삐죽 튀어나왔어요.
애벌레는 귤나무, 탱자나무, 산초나무처럼 향이 짙은 식물 잎을 먹어요.

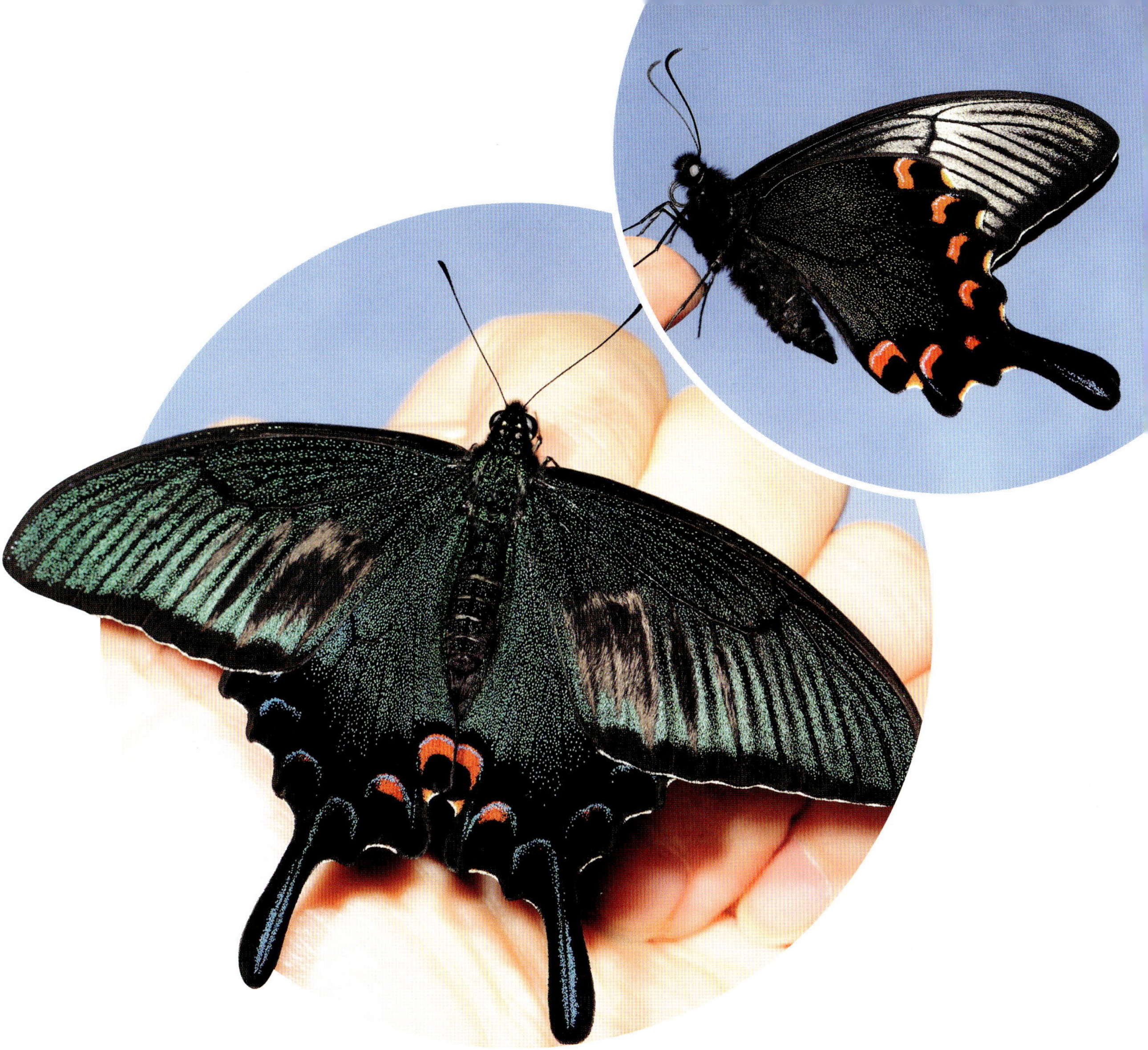

나비목 호랑나비과

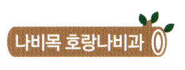

제비나비

새까만 털옷을 입었어요.

그런데 날개 윗면은 보는 각도에 따라 푸른빛이나 초록빛도 띠어요.

마법 가루라도 뿌렸을까요? 제비나비도 호랑나비와 친척이라서

뒷날개 꼬리가 길게 삐져나왔어요.

나비목 호랑나비과

모시나비

날개가 희고 반투명해서 꼭 모시옷을 입은 것 같아요. 암컷 꽁무니에 무언가 붙어 있지요. 짝짓기한 뒤에 수컷이 암컷 꽁무니에 분비물을 발라 딱딱하게 굳게 한 거예요. 암컷이 다른 수컷과 짝짓기하지 못하게 하려고요.

나비목 네발나비과

뿔나비

아랫입술수염이 합쳐져 뿔처럼 길게 튀어나왔어요.
그래서 뿔나비라는 이름이 붙었어요.
맨땅에 수십 수백 마리가 모여 앉기도 해요.

나비목 네발나비과

네발나비

눈에도 삐죽삐죽 털이 많이 났어요.
날개 아랫면을 보면 꼭 낙엽 같아요.
어른벌레로 겨울잠을 자다가 따뜻한 날이면
잠에서 깨 움직이기도 해요. 우리나라
어디에서나 흔히 보여요. 꽃, 썩은 과일,
동물 똥 등에서 꿀이나 즙을 빨아 먹어요.

나비목 네발나비과

청띠신선나비

날개 윗면은 푸른빛이 돌며 기다랗게 흰 띠가 있어요. 날개 아랫면은 화사하지 않고 나무껍질 같아요. 청띠신선나비를 비롯해 신선나비 무리는 이렇게 날개 아랫면이 칙칙하고 윗면은 화려해요. 참나무 진이나 상한 과일즙을 먹어요. 늦은 오후에 보통 2시간쯤 자기 영역 지키는 행동을 보여요. 다른 나비가 영역으로 들어오면 재빨리 날아가서 쫓아내요.

나비목 네발나비과 ❶
들신선나비

숲에서 날개를 접고 있으면 눈에 잘 띄지 않아요. 가장 어려운 숨은나비찾기가 될 것 같아요. 천적이 다가오면 갑자기 날개를 활짝 펼쳐 화려한 윗날개를 드러내며 놀라게 해요.

나비목 네발나비과

긴은점표범나비

온몸이 노랗네요! 날개 윗면에는 까만 표범 무늬가 있고, 아랫면에는 희고 붉은 무늬가 있어요. 5월부터 9월까지 전국 풀밭에서 볼 수 있어요. 특히 개망초나 엉겅퀴에서 많이 보여요.

나비목 네발나비과

애기세줄나비

애기처럼 머리도 작고, 줄나비 무리 가운데에서 몸집도 가장 작아요. 갈색 바탕 날개에 뚜렷하게 흰무늬가 있어요. 5~9월에 숲 가장자리에서 많이 보여요. 미끄러지듯 날다가 젖은 땅에 내려 앉아 물을 마셔요.

나비목 네발나비과

왕오색나비

돌돌 말고 있던 노란 대롱입을 쭉 펴면 무척 길어요. 산꼭대기 근처에서 텃세를 부리며 다른 나비는 물론 작은 새까지도 자기 영역에 들어오면 쫓아내요.

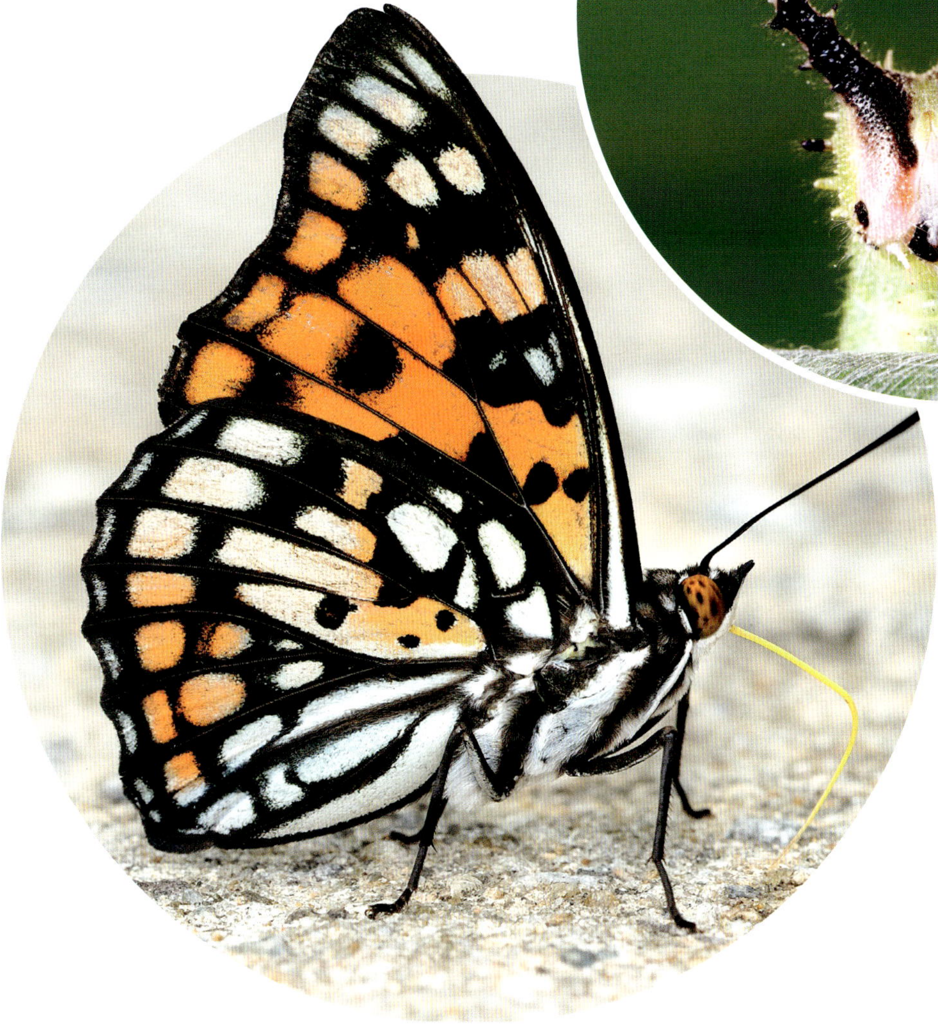

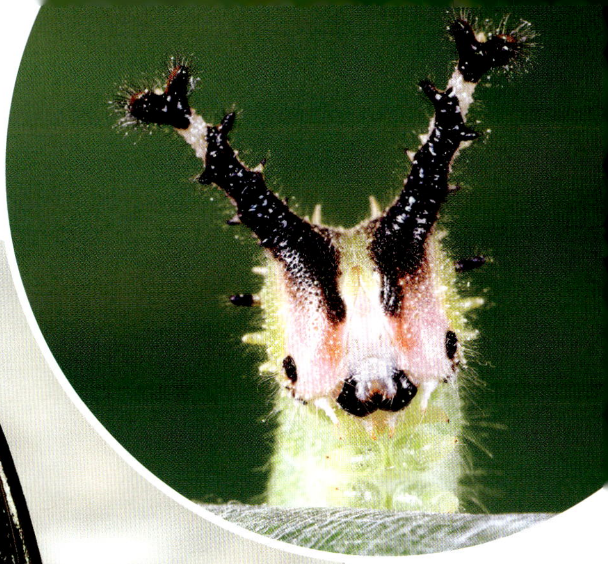

나비목 네발나비과

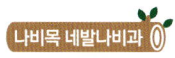

대왕나비

주황색, 흰색, 검은색이 조각조각 어우러진 날개가 스테인드글라스 같아요.
한여름인 7, 8월에 숲길에서 많이 보여요. 젖은 땅에 앉아 미네랄이 담긴 물을 빨아요. 경계심이 적어서 다가가도 잘 도망치지 않아요. 사람 땀 냄새도 좋아해서 손가락에 땀이나 침을 묻혀서 갖다 대면 손으로 올라와 빨아 먹기도 해요. 애벌레는 머리에 사슴처럼 뾰족하니 뿔이 돋았어요.

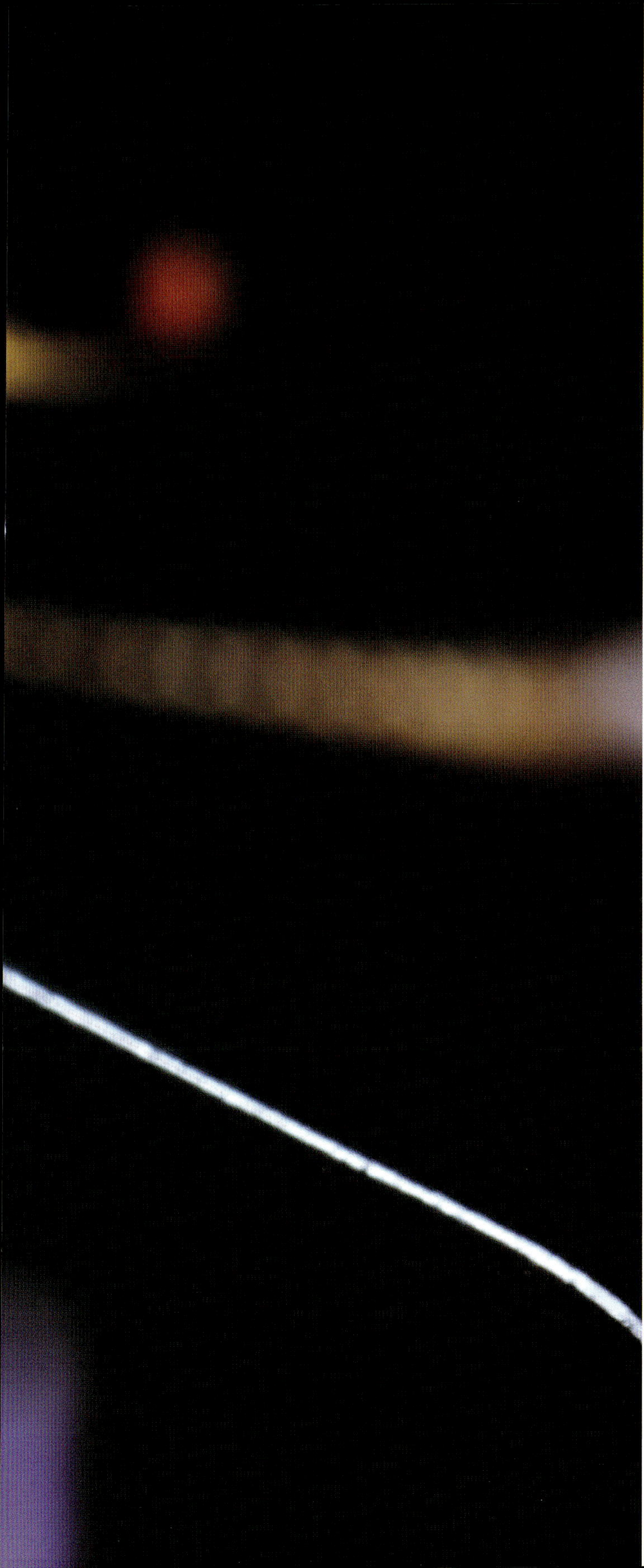

나비목 팔랑나비과

줄점팔랑나비

몸은 작은데 눈이 무척 커요. 꼭 스피커 두 개를 얼굴에 붙여 놓은 것 같아요. 5월부터 나타나지만 가을에 풀밭에서 무척 많이 보여요. 잠시도 가만히 있지 않고 이 꽃 저 꽃 부산스럽게 옮겨 다녀요.

나비목 팔랑나비과 ❶

대왕팔랑나비

우리나라에 사는 팔랑나비들 가운데
가장 커요. 날개에 커다란 흰 띠가 있어요.

나비목 박각시과 ①

작은검은꼬리박각시

배와 꼬리를 보면 꼭 가재 같아요. 가재에 날개가 있으면 이렇게 생겼을까요?
공중에 가만히 떠 있으면서(정지비행) 대롱입을 쭉 뻗어 꿀을 빨아요.
보통 오전 10시쯤에 나타나 한 시간 정도 꿀을 빨고 사라졌다가
다시 오후 5시쯤에 나타나 한 시간 정도 꿀을 빨아요.

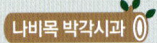 나비목 박각시과

박각시

뒤로 넘긴 더듬이가 곱게 땋아 넘긴 레게머리 같아요. 배에 있는 빨갛고 검은 줄무늬가 독특해요.

나비목 박각시과 ①
줄박각시

날렵한 비행기처럼 생겼어요. 날개에 비해 몸이 통통한데도 무척이나 빠르고 힘차게 날아다녀요. 얼굴 앞에서부터 시작된 흰 줄무늬가 날개까지 이어져요.

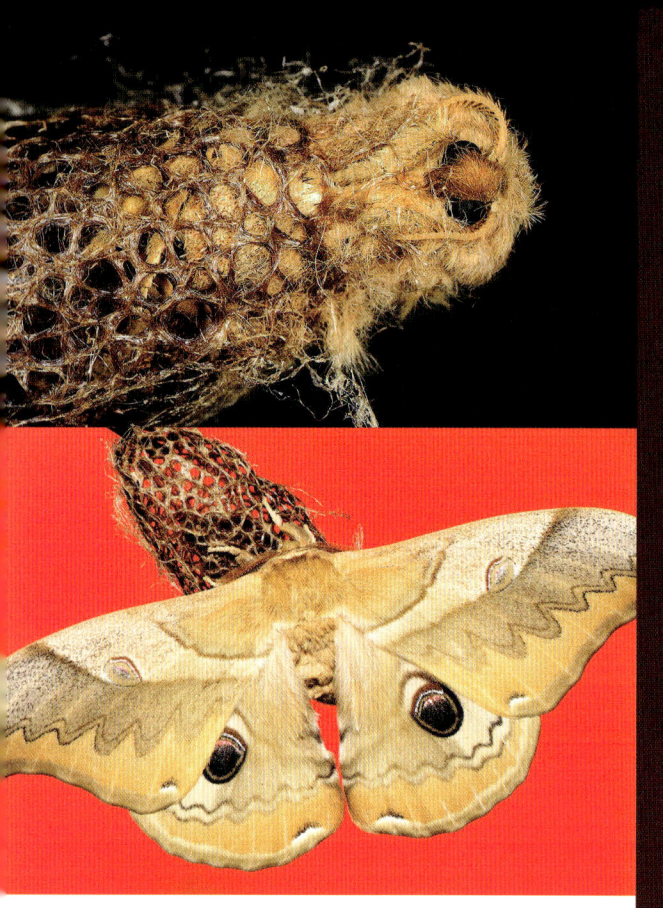

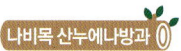

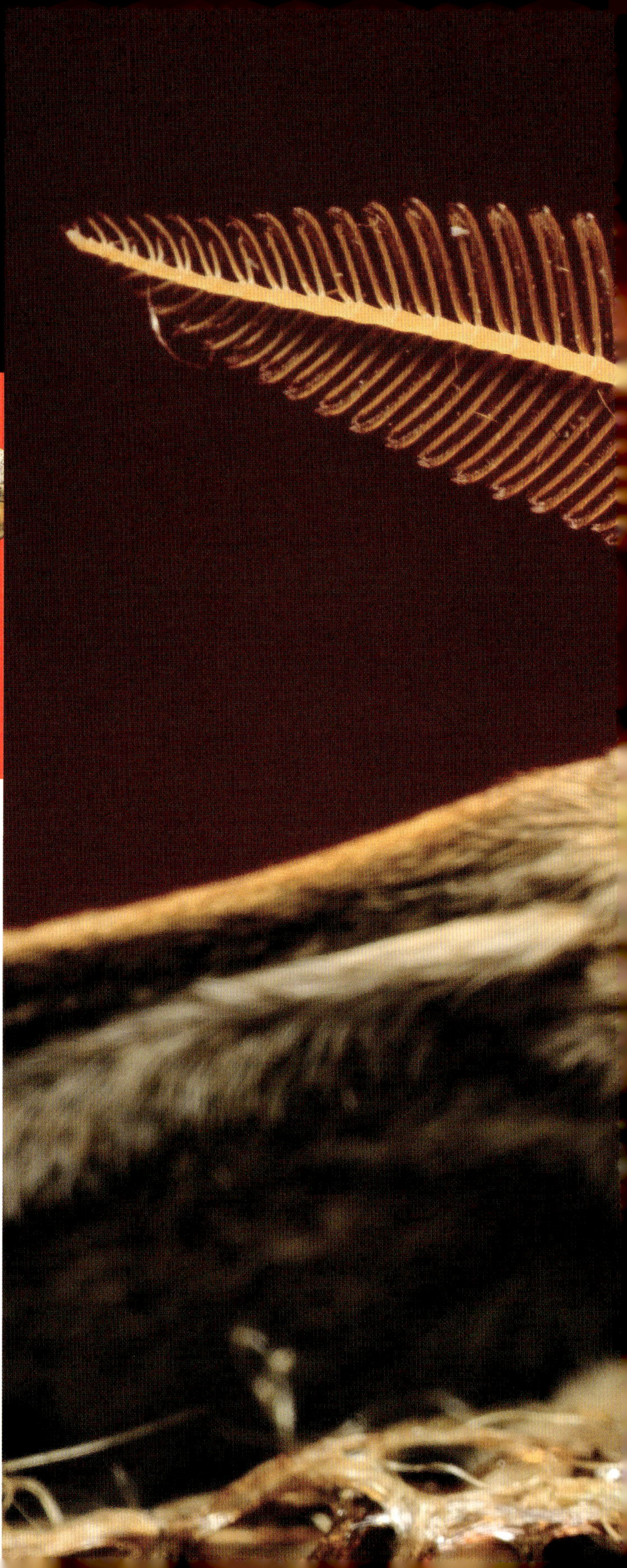

나비목 산누에나방과

밤나무산누에나방

더듬이가 빗처럼 생겼어요. 온몸을 덮은 털이 길어서 무척 부드러워 보여요. 뒷날개에는 커다란 눈알 무늬가 있어요.

애벌레는 그물망 같은 고치를 짓고 번데기가 되어요. 고치 그물망은 무척 질겨서 칼로도 잘리지 않아요. 고치에서 날개돋이한 어른벌레는 고치 끝에 뚫린 곳으로 나와요. 이 구멍은 안쪽에서는 밀고 나올 수 있지만 바깥쪽에서는 들어갈 수 없는 구조예요.

나비목 태극나방과

황다리독나방

더듬이가 빗처럼 생겼어요. 더듬이로 새하얀 털도 빗을 수 있을까요?
온몸은 새하얀데 다리만 노래서 황다리란 이름이 붙었어요.
오뉴월에 갑자기 번데기가 되고 날개돋이해서 어른벌레로 잠깐 지내다가 사라져요.
한 번에 수백 마리가 나타나기도 해서 그럴 때면 마치 흰 꽃잎이 바람에 날리는 듯해요.
날개돋이가 가까워지면 번데기 속이 다 비쳐서 눈이며 더듬이가 보여요.

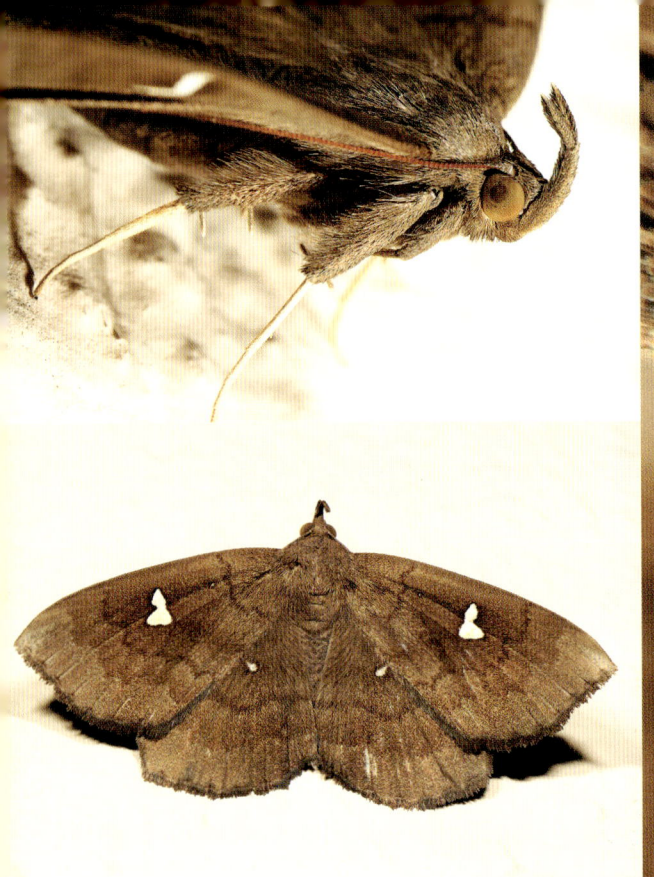

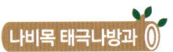

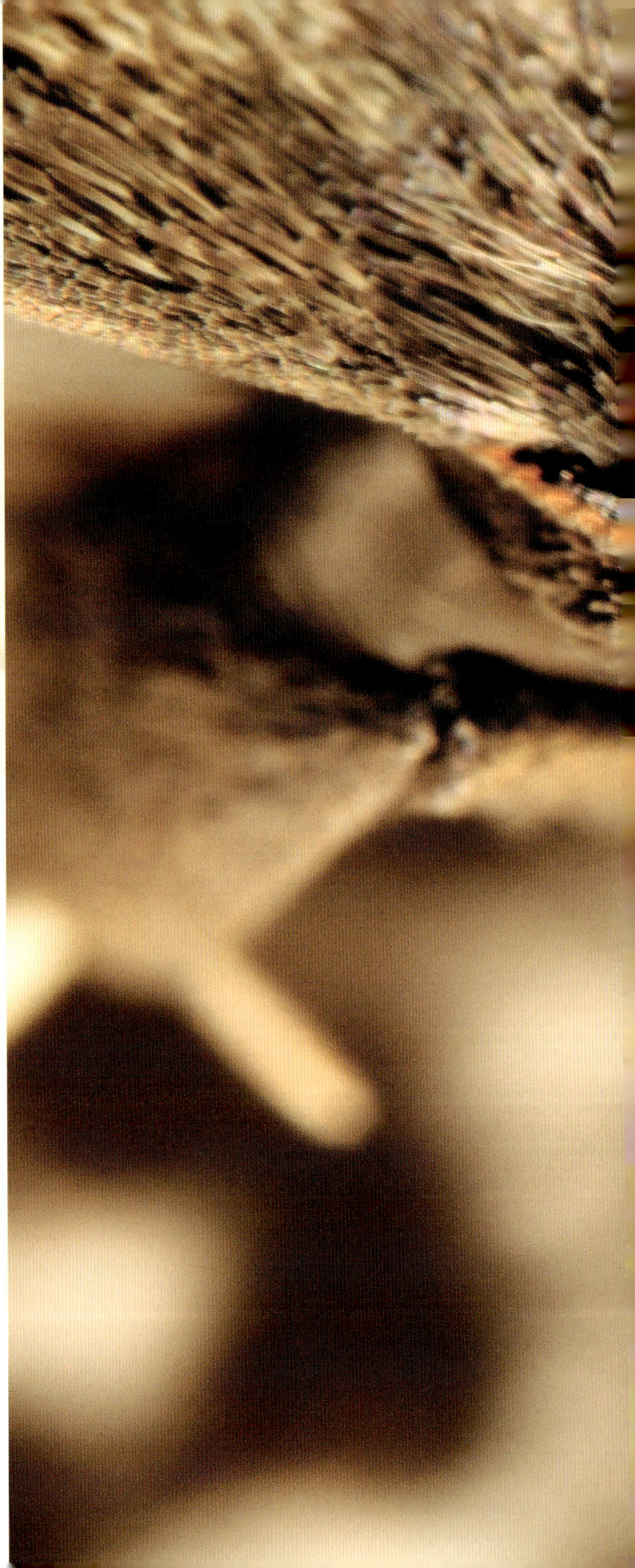

나비목 태극나방과

쌍복판눈수염나방

주둥이가 갈고리처럼 휘었어요. 날개 윗면에 데칼코마니처럼 똑같은 흰무늬가 있어요. 다리의 절반만 털로 덮여서 꼭 반바지를 입은 것 같아요.

PART 03
노린재 무리

주둥이가 주사침처럼 뾰족해요.
주둥이를 동물이나 식물에 꽂고 즙을 빨아 먹어요.
그래서 매미도 노린재 무리에 속하지요.
몸이 방패처럼 생긴 종이 많아요.

노린재목 노린재과

얼룩대장노린재

온몸에 얼룩덜룩한 무늬가 있어요.
쿠키앤크림 통에 빠졌던 걸까요?
무늬가 나무껍질이나 마른 이끼와
비슷해서 눈에 잘 띄지 않아요.

노린재목 노린재과

홍줄노린재

검은 몸에 빨간 줄무늬가 있어요.
보통 곤충은 딱지날개가 양쪽으로 갈라져 있는데
홍줄노린재는 딱지날개가 붙어 있어서
몸을 솥뚜껑처럼 덮고 있어요.

노린재목 노린재과 ❶
갈색날개노린재

몸도 육각형, 머리도 육각형이에요. 날개의 질긴 부분이 갈색이어서 '갈색날개'라는 이름이 붙었어요.
알집은 항아리 모양이고요, 애벌레가 알에서 쉽게 밀고 나오도록 참치 캔 뚜껑처럼 따개선이 있어요.
깨어난 애벌레들은 한동안 모여 지내다가 뿔뿔이 흩어져요.

노린재목 노린재과 ❶

제주노린재

머리 밑으로 접어 넣었던 주사침 주둥이를
쭉 펴서 식물 줄기를 찔러 즙을 먹어요.
가슴과 날개 대부분이 짙은 갈색이에요.
가슴 양옆이 툭 튀어나왔어요. 이름에 '제주'라는
말이 붙었지만 전국에서 흔히 보여요.

노린재목 노린재과

대왕노린재

우리나라에 사는 노린재 중에서 가장 커요. 가슴 양옆이 아주 뾰족해요. 초록색, 검은색, 붉은색이 어우러진 온몸에는 금속 광택이 돌아요. 여기에 날개 밑으로 튀어나온 배 가장자리까지 알록달록해서 무척 화려해 보여요.

노린재목 노린재과 ❶
분홍다리노린재

다리, 더듬이, 눈 그리고 가슴뿔 끝이 분홍색이에요.
뒤집어 보면 배도 온통 분홍빛이지요.

노린재목 광대노린재과 ❶

광대노린재

초록색과 주황색 무늬가 어우러져 있어요.
홍줄노린재와 마찬가지로 딱지날개가 둘로
나뉘지 않고, 거북 등딱지처럼 몸을 덮어요.

노린재목 호리허리노린재과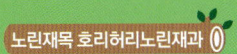
톱다리개미허리노린재

허리가 잘록하고 날씬해요. 긴 주둥이를 배 쪽으로 접어 넣고 있어요. 머리와 가슴이 삼각뿔 모양이고, 뒷다리 넓적마디에 톱날 같은 돌기가 있어요.

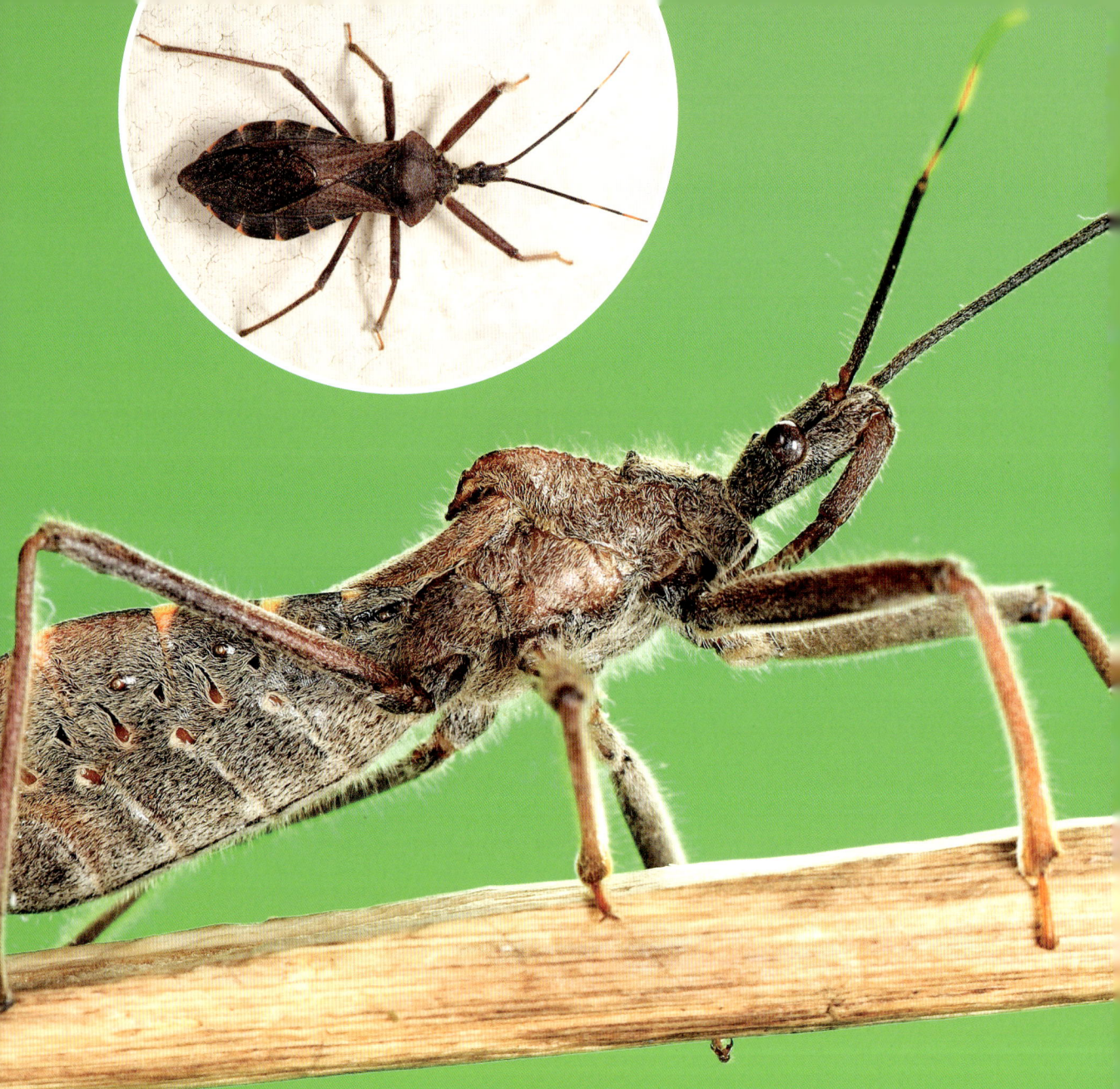

노린재목 침노린재과

왕침노린재

주사침 주둥이가 유별나게 굵어서 왕침이라는 이름이 붙었어요.

얼굴도 주둥이처럼 길쭉해요. 크고 딱딱한 주둥이로 다른 동물을 찔러 체액을 빨아 먹어요.

아주 천천히 사냥감에게 다가가 공격하기 때문에 암살자 벌레라고도 불려요.

손으로 잡으면 쏘일 수도 있으니 맨손으로 만지면 안 돼요.

노린재목 침노린재과

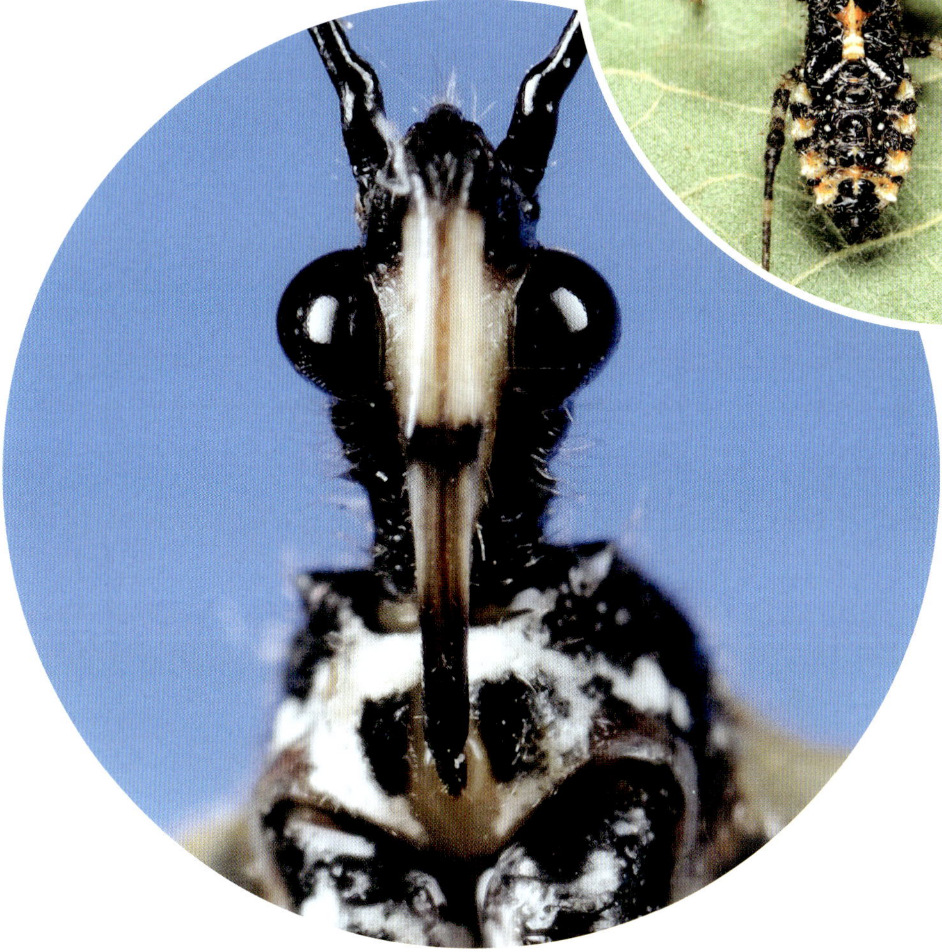

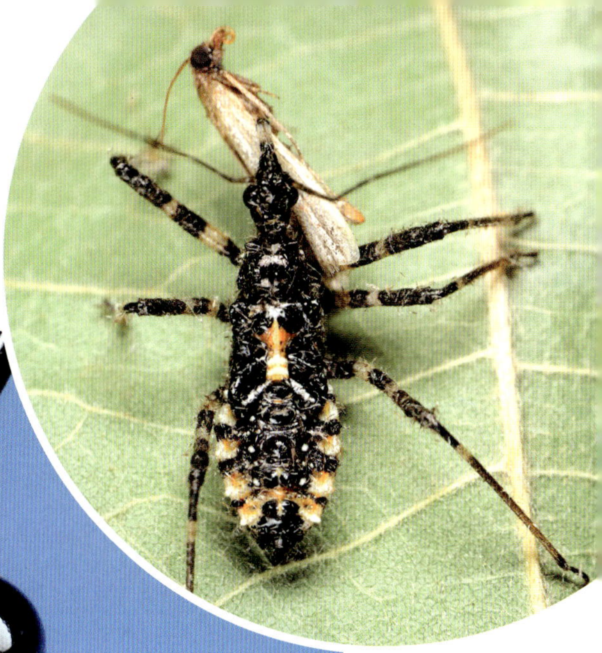

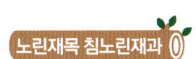

다리무늬침노린재

머리가 작고 주둥이는 새 부리처럼 길고 굵으니 얼굴만 보면 꼭 새 같아요.

온몸에 검고 흰 무늬가 뒤섞여 있어요. 다 자라면 날개가 있지만 덜 자랐을 때는 날개가 없어요.

그래도 다른 동물을 사냥하는 건 똑같아요.

노린재목 뿔노린재과

긴가위뿔노린재

수컷 꽁무니에 빨간색 뿔이 있다고 '긴가위뿔'이라는 이름이 붙었어요.
뿔처럼 보이는 이것은 암컷과 짝짓기할 때 필요한 수컷 생식기예요.
암컷에게는 가위 같은 뿔이 없어요. 끝이 새빨간 가슴뿔도 돋보이지요.

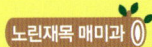

노린재목 매미과

늦털매미

온몸에 솜털처럼 짧은 털이 듬성듬성 나 있어요. 짙은 초록색과 검은색 무늬가 듬성듬성 있어서 꼭 군복을 입은 것 같아요. 뾰족한 주둥이로 동물이나 식물 즙을 빨아 먹는 곤충을 노린재 무리라고 해요. 그중에서 매미 무리는 모두 식물 즙만 빨아 먹어요.

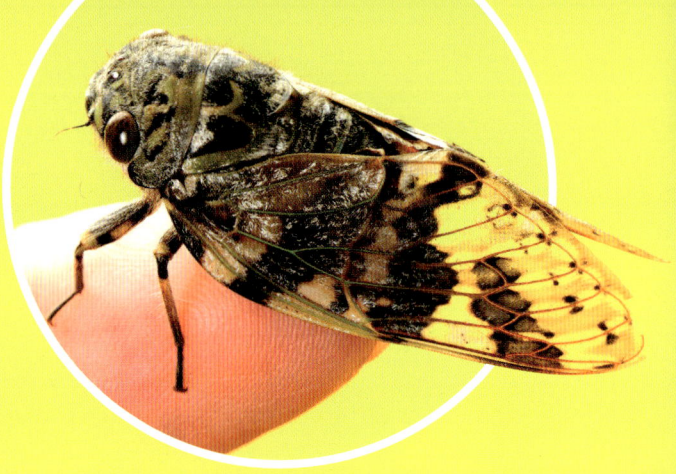

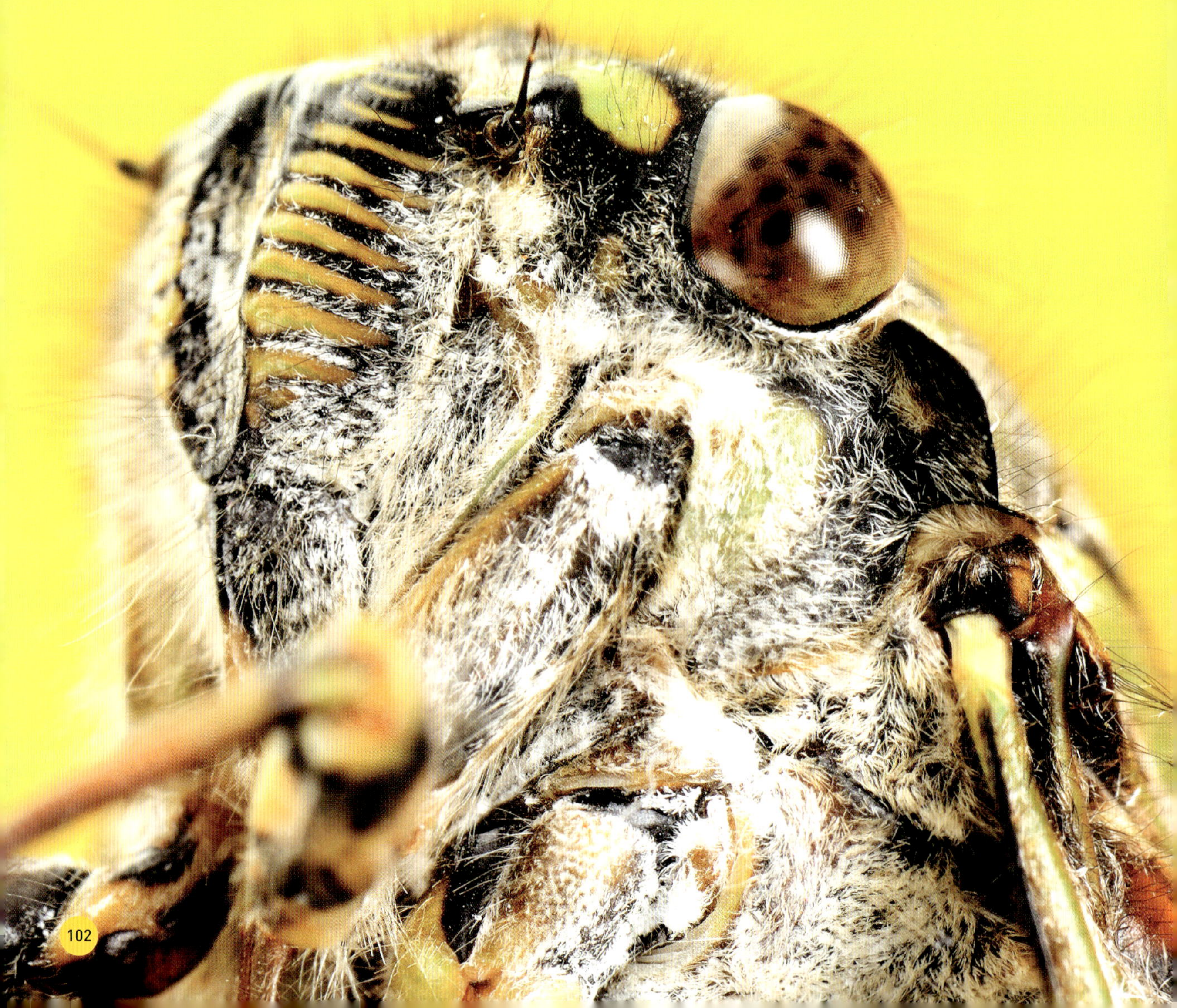

노린재목 매미과

유지매미

새빨간 홑눈이 보석처럼 박혀 있어요. 투명하지 않은 날개에 기름이 낀 듯해서 유지매미라고 불러요. 몸은 검고 가슴과 배에는 흰 가루가 뿌려져 있어요.

노린재목 매미충과

만주귀매미

길쭉한 머리는 옆에서 보면
꼭 썬캡 같아요.
졸린 듯한 표정도 재밌어요.
점프 능력이 엄청나서
툭 튀어 오르고 나면 어디론가
사라져서 찾기가 어려워요.

노린재목 매미충과 ①
소금강귀매미
몸 전체를 덮는 갑옷을 입은 것 같아요.
머리가 귀처럼 옆으로 넓게 늘어났어요.

노린재목 거품벌레과

노랑얼룩거품벌레

다 자라면 온몸이 어둡고 군데군데 노란 점이 있어요.
덜 자랐을 때는 몸이 초록빛이에요. 오뉴월에 식물 줄기를 보면
누가 침을 뱉어 놓은 것 같은 거품이 있어요. 거품을 헤집어서 보면
거품벌레가 들어 있어요. 빨아 먹은 즙을 꽁무니로 내뿜으며
거품을 만들고 그 속에 숨어 지내요.

노린재목 긴날개멸구과 ❶
무늬긴날개멸구

오잉? 무얼 봤길래 표정이 이럴까요?
몸에 비해 날개가 크지만 비행 솜씨는 좋지 않아요.
제 몸보다 수십 배 높이로 점프해서 옮겨 다녀요.

PART 04
메뚜기 무리

뒷다리가 굵고 튼튼해서 점프를 잘하는
무리예요. 대부분 몸이 길쭉하고
겉날개가 옥수수 껍질처럼 생겼어요.
풀을 갉아 먹는 종이 많아요.
다리를 날개에 대고 비비거나
날개끼리 비벼서 소리를 낼 수 있어요.

메뚜기목 메뚜기과

콩중이

갑옷을 입은 것처럼 앞가슴이 두툼해요.
옆에서 보면 가슴 위쪽이 둥그렇게 솟았어요.
6cm까지 자라는 큰 메뚜기예요.

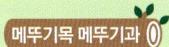 메뚜기목 메뚜기과

풀무치

옆에서 보면 겹눈부터 입까지
푸른색 띠가 이어져 있어요.
마치 눈물 자국 같아요. 그런데 앞에서 보면
웃고 있는 것 같기도 해요.
6.5cm까지 자라는 매우 큰 메뚜기예요.

메뚜기목 메뚜기과 ❶
우리벼메뚜기

눈부터 가슴까지 검은 띠가 있어요.
농약을 뿌리지 않은 논에 엄청나게 많았던 메뚜기예요.
옛날에는 잡아서 튀겨 먹기도 했대요.

메뚜기목 메뚜기과
등검은메뚜기
아이언맨 마스크를 쓴 것 같아요.
겹눈에 세로줄이 있는 것이 특징이에요.

메뚜기목 메뚜기과

방아깨비

누가 얼굴을 잡고 위로 주욱 당겼나 봐요. 길쭉한 머리 끝에는 도톰한 더듬이가 달렸어요. 입은 따라 올라가지 못하고 아래에 떨어져 있어요. 뒷다리를 잡고 있으면 몸을 아래위로 방아 찧듯 흔들어서 방아깨비라는 이름이 붙었어요. 주변 환경에 따라 몸이 완전히 초록색인 것과 완전히 갈색인 것이 있어요. 몸에 분홍색이 도는 것은 아직 덜 자라서 그래요.

 메뚜기목 여치과

중베짱이

몸이 통통하고 다리가 조금 굵어요. 날개가 나뭇잎처럼 생겼어요. 잡고 놓아주지 않으면 다리를 끊어 버리고 도망쳐요. 여치들 대부분이 그렇듯이 아무거나 다 먹어요.

메뚜기목 여치과

날베짱이

눈동자가 흐릿해서 어딜 보는지 잘 모르겠네요.
배는 통통한데 다리는 아주 가늘어요. 몸길이에 비해 날개가
두 배 가까이 길어서 5cm를 훌쩍 넘을 만큼 크게 느껴져요.
여치들 대부분이 더듬이가 몸길이보다도 더 길어요.

메뚜기목 여치과 ①
갈색여치

다른 별에는 이렇게 생긴 외계인이 있을지도 몰라요!
허물을 한 번 벗을 때마다 몸이 커지고,
다 자라면 날개가 생겨요. 주둥이 쪽을 잡으면
손가락을 깨물려 피가 나기도 하니
조심해야 해요.

125

메뚜기목 여치과 ❶

여치

초록색인 것도 있고 갈색인 것도 있어요.
몸이 통통하고 날개가 짧아서 잘 날지 못해요.
아무거나 잘 먹어서 식물은 물론 작은 곤충,
같은 여치까지 잡아먹어요. 배 끝에 알 낳을 때 쓰는
기다란 관(산란관)이 있는 것이 암컷이에요.

메뚜기목 땅강아지과

땅강아지

강아지랑 닮았나요? 흙을 파헤쳐 나가기에 알맞게 얼굴이 뾰족하고
앞발도 쇠스랑처럼 생겼어요. 엉거주춤한 가운데다리와 뒷다리도
땅을 파며 나아가기에 어울리는 모양이에요.
밤에 활발하며 주로 땅속에서 작은 곤충이나 지렁이,
식물 뿌리를 먹어요.

PART 05
잠자리 무리

눈이 크고, 배가 길며, 날개를 접지 못하는
무리예요. 높은 곳에서 날개를 펴고
앉은 모습을 많이 볼 수 있지요.
다리에는 날카로운 가시가 돋아서
공중에서 먹이를 사냥하는 데에 알맞아요.
잠자리는 모두 다른 곤충을 사냥하는 육식
곤충이고 애벌레 시기에는 물속에서 지내요.

잠자리목 물잠자리과

물잠자리

까만 날개옷을 입었어요. 온몸에 초록빛 광택이 돌아요.
5~9월에 냇가 주변에서 보이며 물풀 사이에서
작은 곤충을 잡아먹고 살아요. 나는 모습이 마치
나비처럼 너울너울 한가로워 보이지만,
예민한 녀석이라 좀처럼 다가가기 어려워요.

잠자리목 청실잠자리과

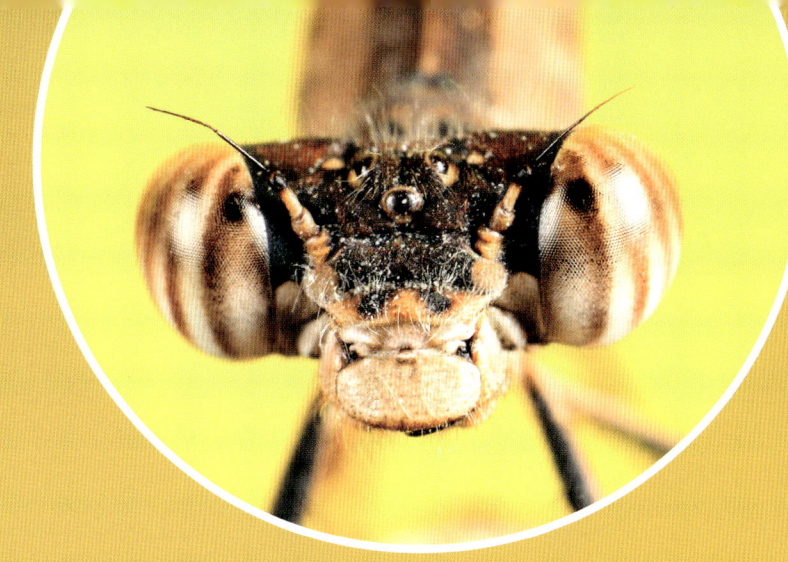

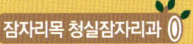

가는실잠자리

넓적한 머리 양옆에 큰 눈이 달렸어요.
삐죽 나온 더듬이가 꼭 눈썹처럼 보여요.
4월부터 11월까지 활동하다가
어른벌레 그대로 겨울을 나요. 가녀린 몸으로
추위를 견디는 게 놀라워요.

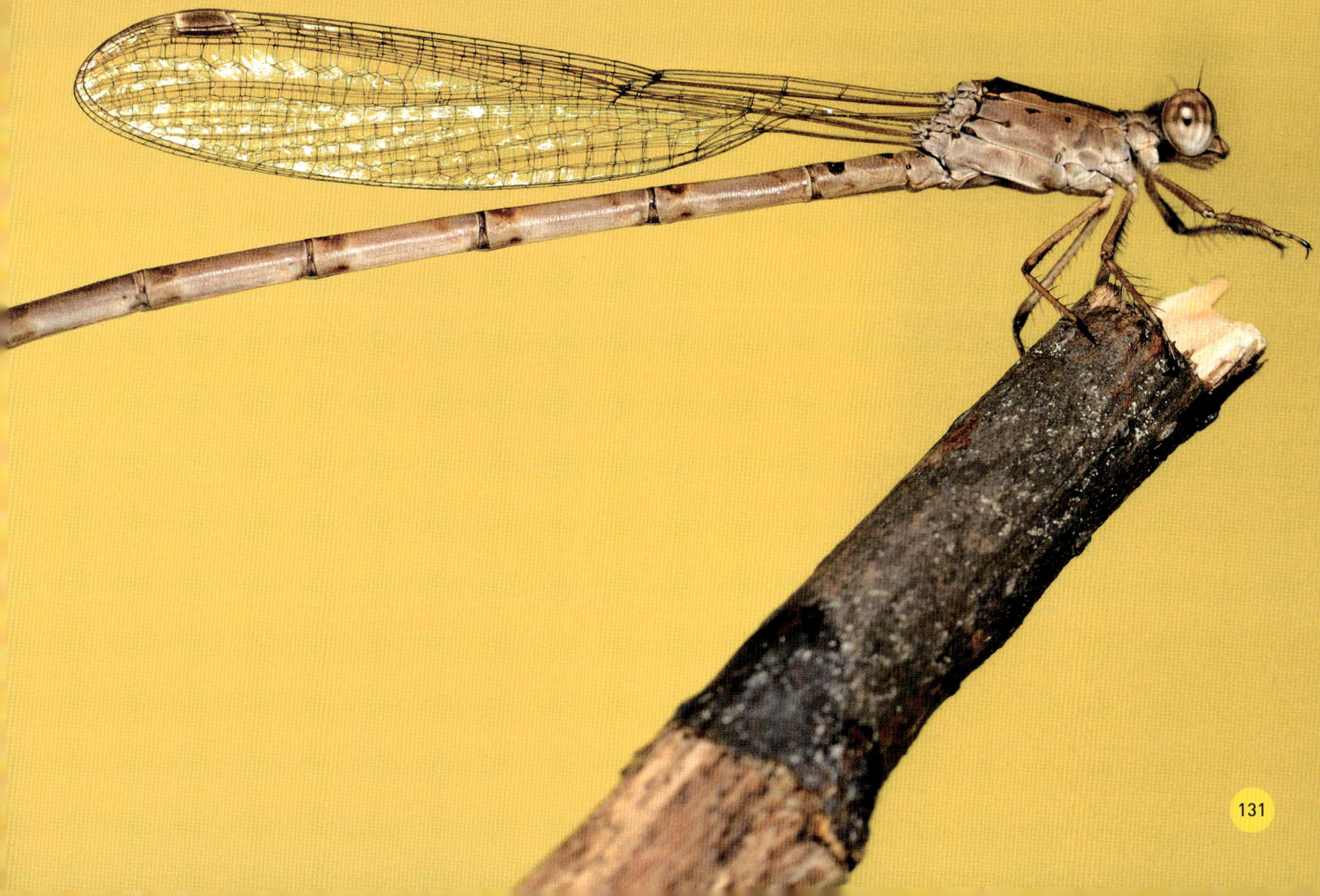

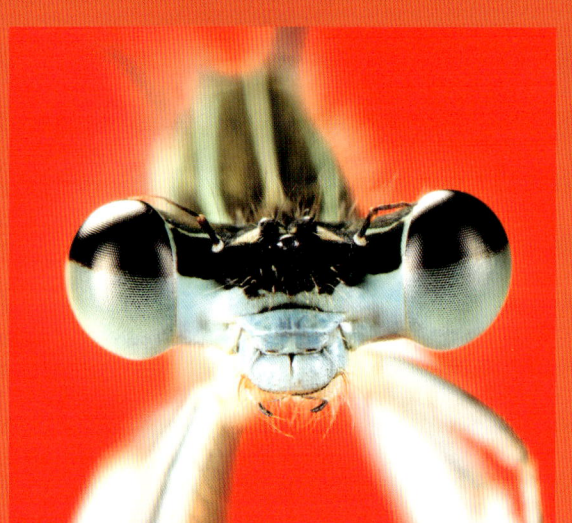

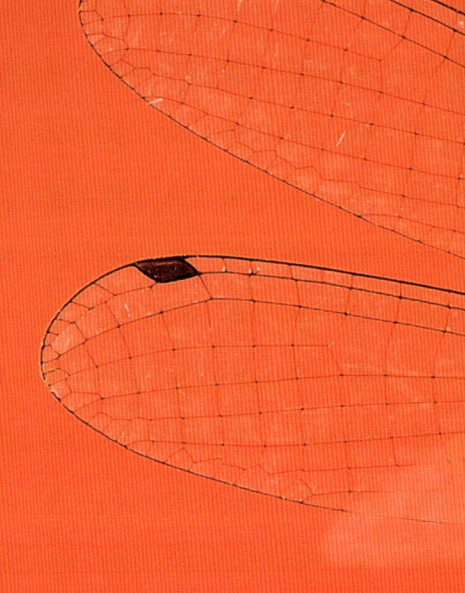

잠자리목 방울실잠자리과

방울실잠자리

겹눈 두 개가 양쪽 볼에 붙었어요. 겹눈이 서로 멀찍이 떨어져 있어서 사방을 잘 볼 수 있어요. 수컷 가운뎃다리와 뒷다리가 밥풀처럼 하얗게 부풀어서 방울이라는 이름이 붙었어요. 암컷 다리에는 이것이 없지요.

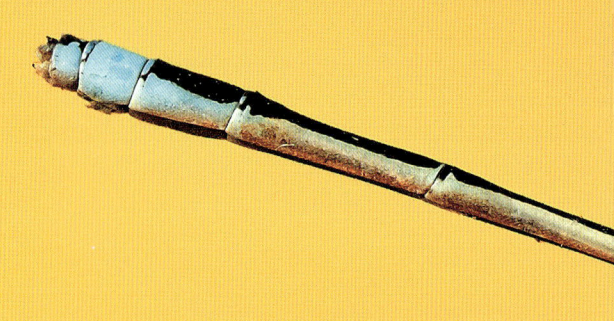

아시아실잠자리

눈에 꼭 초록색 호수가 담긴 듯해요.
찰랑찰랑 물소리가 날 것 같아요.
암컷은 온몸이 초록색이고, 수컷은
배 끝 마디가 푸른색이에요.

잠자리목 잠자리과

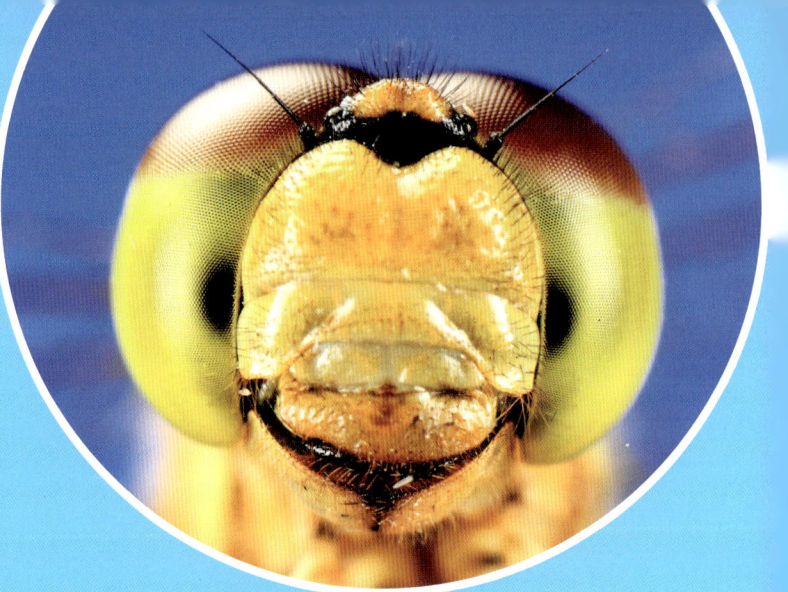

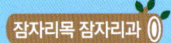

날개띠좀잠자리

기분이 좋은지 싱긋 웃고 있네요.
좀잠자리들은 늘 이렇게 웃는 얼굴이에요.
아직 다 자라지 않았을 때는 온몸이
연한 갈색이에요. 다 자라도 암컷은
그대로 갈색이지만, 수컷은 온몸이 새빨개져요.
날개 끝에 검은 띠가 있어요.

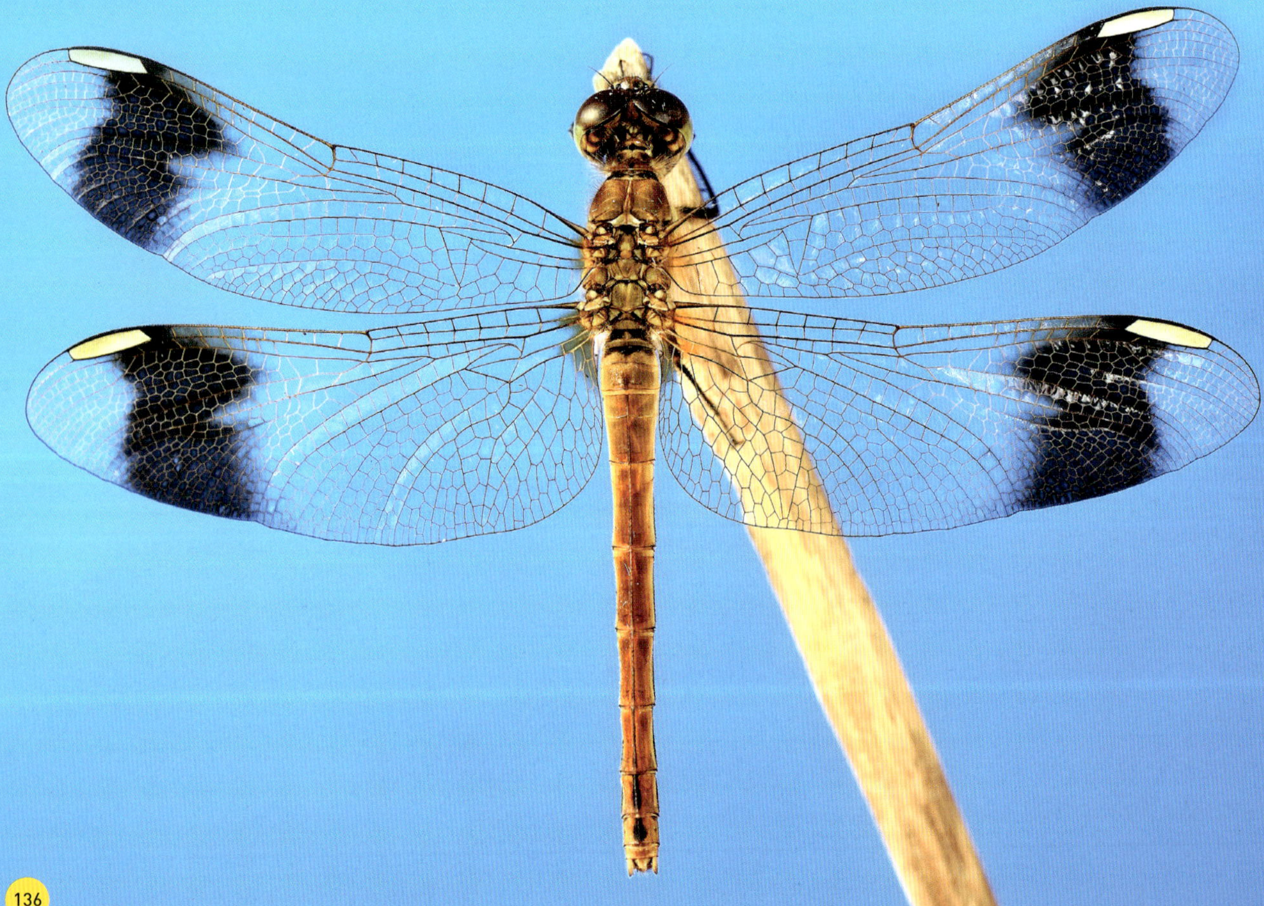

잠자리목 잠자리과

고추좀잠자리

고추잠자리라고 생각했나요?
수컷 몸이 빨갛고 매우 많이 보이기 때문에
많은 사람이 그렇게 생각하지만 아니에요.
고추잠자리 수컷은 머리부터 꽁무니까지
온몸이 빨갛지만 고추좀잠자리는
머리와 가슴은 갈색이거든요.

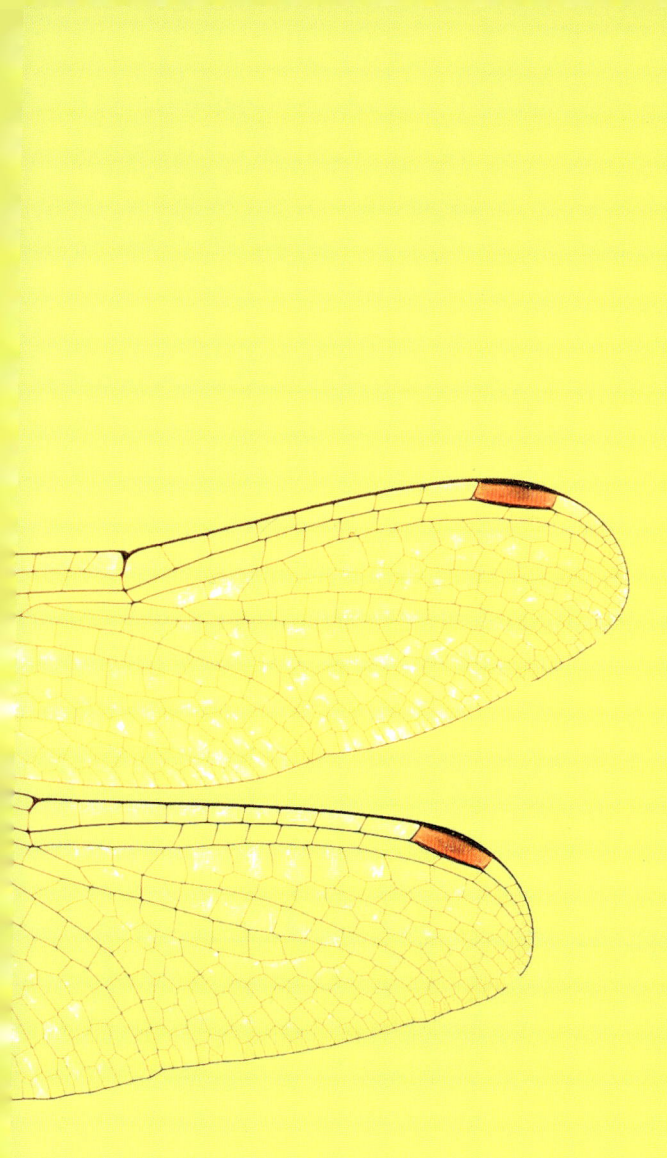

 잠자리목 잠자리과

흰얼굴좀잠자리

수컷 얼굴이 푸른빛 도는 흰색이어서
흰얼굴이라는 이름이 붙었어요.
몸길이 3cm 정도로 작은 잠자리예요.

잠자리목 잠자리과

깃동잠자리

'깃동'은 한복 저고리 목둘레에 대는 색동천이에요. 암수 모두 날개 끝이 마치 깃동을 댄 듯 물들어서 깃동이라는 이름이 붙었어요. 수컷은 몸이 붉지만 암컷은 누렇고, 검은 줄무늬가 있어요.
6월부터 10월까지 전국 습지에서 보이는데요, 어른벌레가 되자마자 시원한 산으로 이동했다가 날씨가 시원해지면 평지로 내려오기 때문에 9월에 특히 많이 보여요.

잠자리목 잠자리과

산깃동잠자리

수컷은 얼굴과 온몸이 새빨갛고 암컷은 배가 누렇고 검은 줄무늬가 있어요.

수컷이 더 부끄러움을 많이 타나 봐요.

깃동잠자리와 생김새가 비슷하지만 가슴에 있는 검은 줄무늬 모양이 달라 구별할 수 있어요.

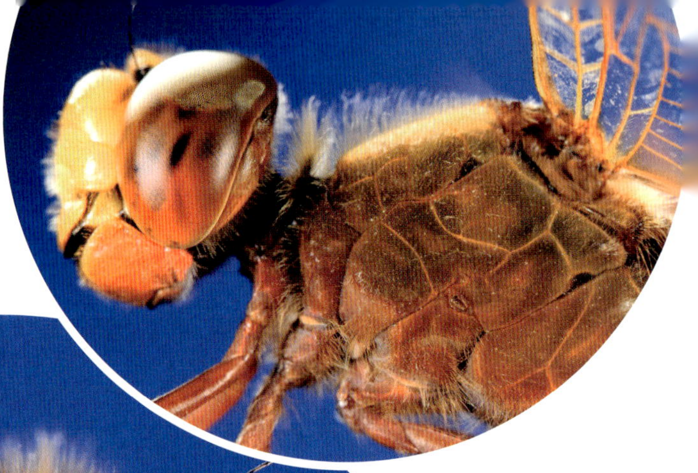

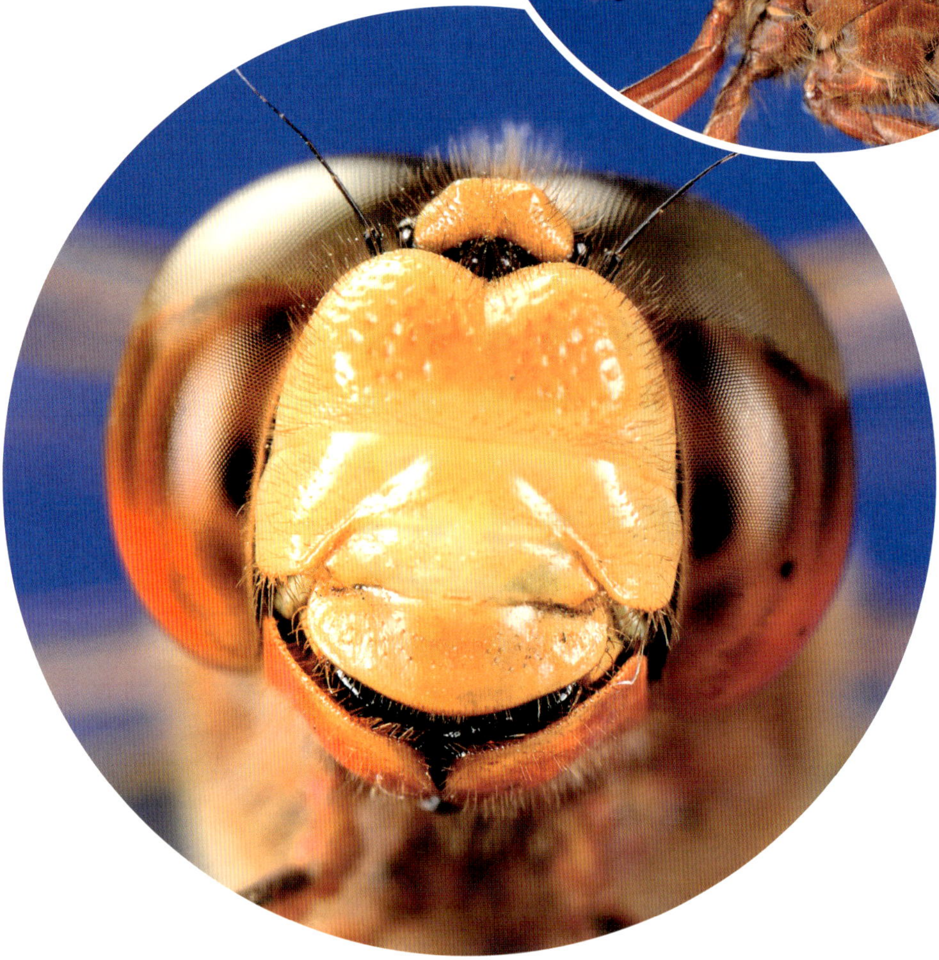

잠자리목 잠자리과

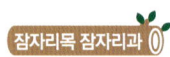

진노란잠자리

빙그레 웃는 얼굴을 보고 있으니 같이 절로 웃음이 나요. 얼굴은 샛노랗고, 날개와 온몸은 누래요. 7월부터 나타나지만 어른벌레가 되자마자 주변에 있는 산으로 옮겨 가요. 그래서 평지에서는 산에서 내려오는 10월에 볼 수 있어요. 연못이나 습지에서 많이 보여요.

잠자리목 왕잠자리과

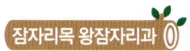

먹줄왕잠자리

수많은 낱눈이 모여 이루어진 큰 겹눈이
서로 붙어 있어서 커다란 고글을 쓴 것 같아요.
물풀이 많은 연못 주위를 매우 빠르게
비행하면서 먹이를 사냥해요.

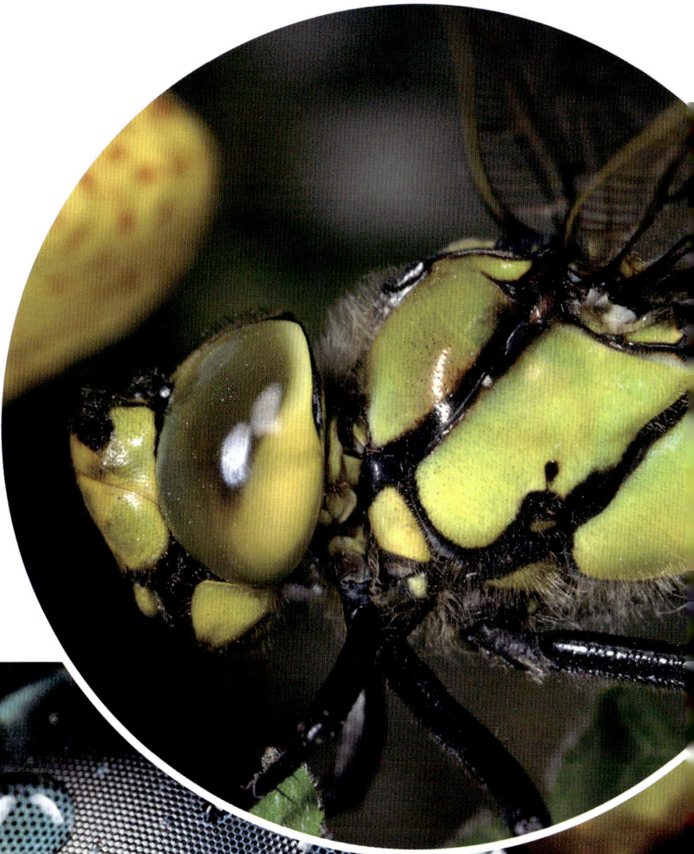

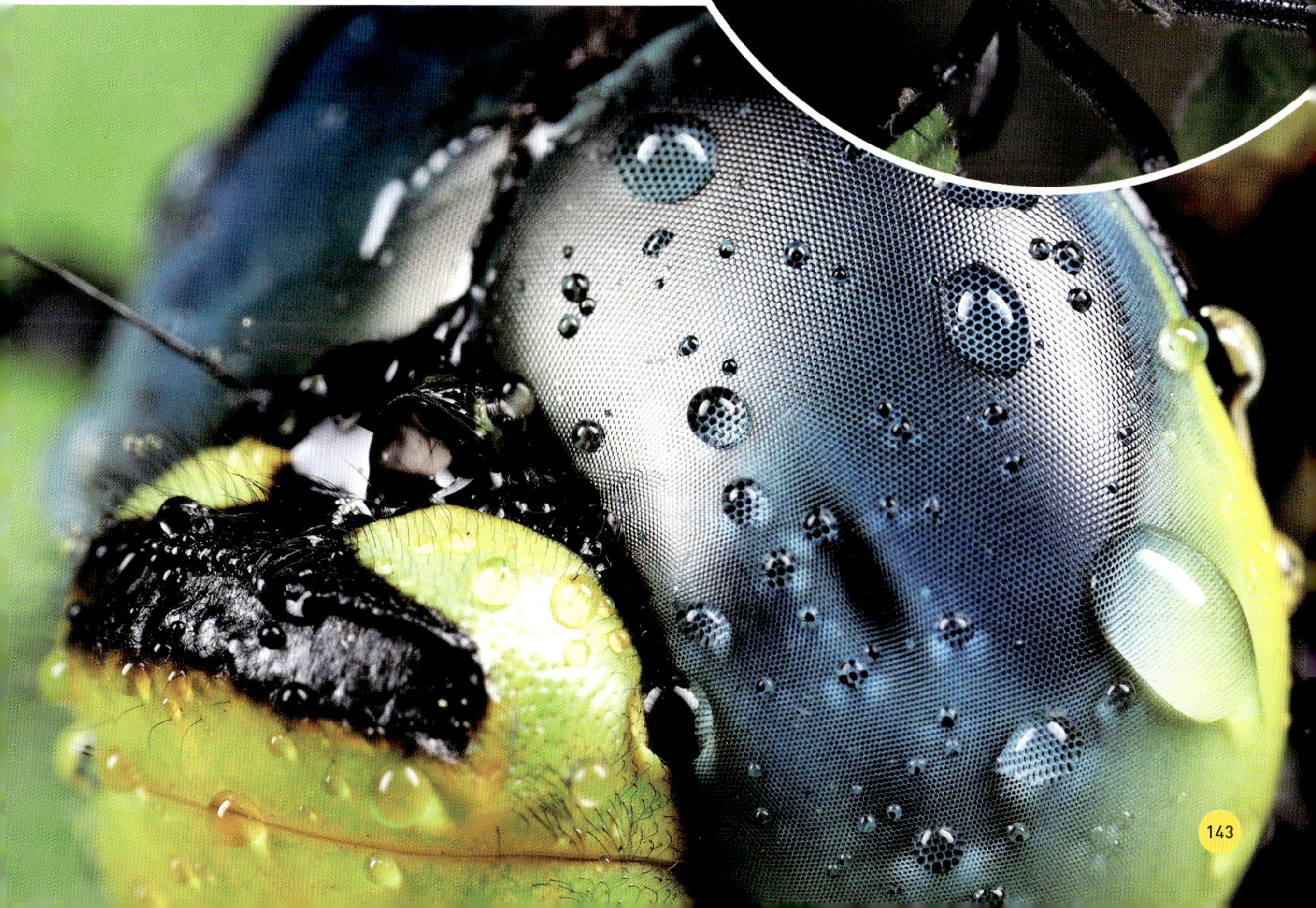

잠자리목 측범잠자리과

쇠측범잠자리

까만 몸에 듬성듬성 노란 무늬가 있어요.
5월에 계곡에 살던 애벌레가 물풀이나
바위를 타고 올라와 날개돋이해요.
막 허물을 벗고 나오면 피부가 말랑말랑하고
빛깔도 연하지만 곧 피부가 굳고 빛깔도 진해져요.

PART 06
벌 무리

가슴과 배가 가느다란 배자루마디로
이어져서 허리가 잘록해요.
꿀벌과 말벌 종류는 적을 쏠 수 있는 침이 있지만
다른 벌은 대개 침이 없어요.
꿀과 꽃가루를 먹는 종도 있지만
다른 곤충 몸에 기생해서 사는 벌이 훨씬 많아요.

벌목 꿀벌과 ❶
양봉꿀벌

누구나 잘 아는 그 꿀벌이에요.
오래전부터 우리나라에 살던 재래 꿀벌은
몸 빛깔이 어두운데, 양봉 꿀벌은 누런빛이 돌아요.
온몸에 털이 촘촘하며, 심지어는 눈에도
털이 많아요. 넓적한 뒷다리에 꽃가루를
모아 붙여 집으로 옮겨 가요.

벌목 꿀벌과 ❶

호박벌

통통한 털북숭이에요. 온몸이 까맣지만 배 끝은 주황색 털로 덮였어요. 비슷한 어리호박벌은 가슴에 노란 털이 있어 구별할 수 있어요. 1초에 250번 정도로 빠르게 날갯짓을 하기 때문에 붕붕 소리가 나요.

어리호박벌

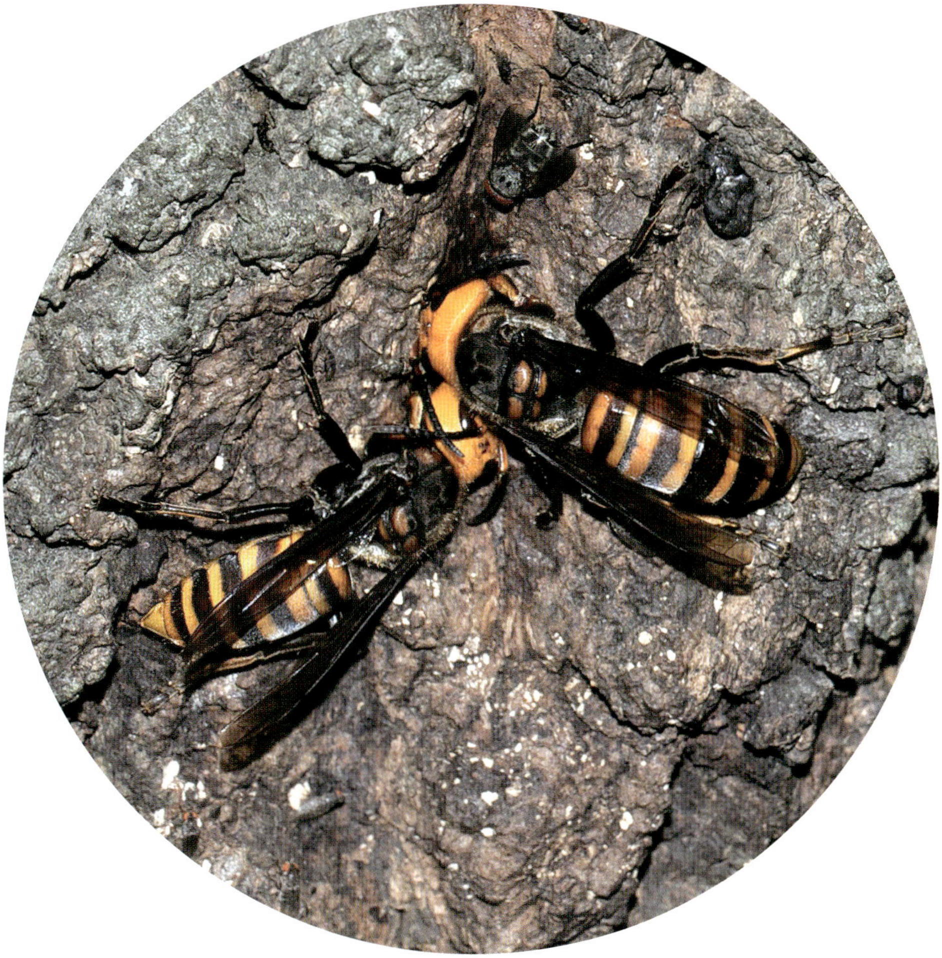

벌목 말벌과

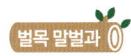

장수말벌

눈이 부리부리하고 날카롭게 생겼어요. 우리나라에서 사는 벌 가운데 가장 커서 4.5cm나 되어요.

벌침은 산란관이 변형된 것이니 암컷에게만 침이 있어요.

장수말벌에게 쏘이면 너무 위험해서 조심해야 해요.

작은 곤충을 사냥해 침을 묻혀 고기 경단을 만든 뒤에 새끼에게 먹여요.

벌목 말벌과

왕바다리

얼굴은 여러 조각을 딱딱 맞춰 놓은 것 같고, 온몸은 색깔이 선명하고 매끈해 보여요. 그래서 꼭 변신 로봇 같아요. 우리나라에서 가장 많이 보이는 말벌 종류예요. 집 처마 밑, 바위 아래, 낮은 나뭇가지, 돌 틈 같이 비를 피할 수 있는 장소에 집을 짓고 30~400마리가 모여 살아요. 여왕벌은 나무를 잘게 갉아서 침과 섞어 육각형 벌집을 지어요. 드물지만, 왕바다리와 생김새가 매우 비슷한 등검정쌍살벌도 있어요.

등검정쌍살벌

벌목 말벌과

참땅벌

얼굴과 가슴에 아기 머리털처럼 솟은 털이 있어요.
배에 아주 선명한 노란 줄무늬가 여럿 있어요.
겹눈과 겹눈 사이에 홑눈 세 개가 단추처럼 박혀 있어요.
주로 산비탈 흙 속에 집을 짓고 사는 일이 많아서
땅벌이라고 불러요. 벽 틈, 지붕 속에 집을 짓기도 해요.
참나무 진이나 과일 즙도 먹으며,
작은 곤충을 사냥해 새끼에게 먹여요.

벌목 말벌과

뱀허물쌍살벌

허리가 아주 잘록해서 잘못하면 톡 끊어질 것 같아요.
길게 지은 벌집이 마치 뱀이 벗은 허물 같다고 해서
뱀허물이라는 이름이 붙었어요.

왕청벌

벌목 청벌과

줄육니청벌

눈이 몹시 커요. 몸 색깔이 화려하고 광택이 강해요. 꽁무니에 작은 돌기가 여섯 개 있어요. 침을 쏘지 않으며 다른 곤충에게 기생해서 살아가요. 청벌들 가운데 가장 큰 왕청벌은 가끔 침도 쏘지만 그다지 아프지는 않아요.

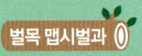 벌목 맵시벌과

어리곤봉자루맵시벌

더듬이와 뒷다리가 무척 길어요. 배도 엄청 가늘어서 언뜻 배처럼 안 보여요. 더듬이를 쭉 뻗고, 다리를 축 늘어뜨리고 너울너울 날아다녀요.

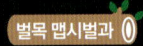 벌목 맵시벌과 ①

누런줄뭉툭맵시벌

더듬이가 무척 굵고 길어요.
수컷 꽁무니는 잘린 듯 뭉툭하고,
뒷다리 넓적마디가 아주 통통해요.
암컷은 나방 애벌레에 알을 낳으며,
알에서 깬 애벌레들은
나방 애벌레를 먹고 자라요.

벌목 납작혹벌과

납작혹벌

투명하고 납작한 배는 칼집 같아서 긴 산란관을 넣어
보호할 수 있어요. 혹벌은 대개 죽은 나무속에 사는
곤충 애벌레 몸에 알을 낳아요. 더듬이를 떨면서 나무속 어느 위치에
애벌레가 있는지 탐색하고는 거꾸로 자리를 잡고 산란관을 꽂아 알을 낳아요.
산란관을 꽂은 뒤에 20분 정도 지켜봤는데, 꼼짝도 하지 않았어요.

벌목 수중다리좀벌과

무늬수중다리좀벌

위에서 보면 머리가 긴 사각형이고 눈이 양쪽 끝에 달렸어요. 몸 크기가 쌀알만큼이나 작으며, 뒷다리 넓적마디가 알통처럼 부풀어 올랐어요. '수중다리'는 다리가 부은 것을 뜻해요. 알통처럼 다리가 부푼 곤충 이름에는 수중다리라는 말이 흔하게 붙어요.

벌목 호리병벌과

줄무늬감탕벌

'감탕'이란 질퍽한 진흙을 가리켜요.
진흙으로 새끼가 자랄 방을 짓고는 나방 애벌레를
마취시킨 다음 잡아와 저장해요.
알에서 깨어난 새끼는 어미가 저장해 둔
나방 애벌레를 먹고 자라요.

벌목 가위벌과

열점박이알락가위벌

나뭇잎을 타원형으로 싹둑 잘라 알집을 짓기 때문에
가위벌이라는 이름이 붙었어요. 꽃가루와 침으로
떡을 빚고 그 위에 알을 하나씩 낳으며,
알에서 깬 애벌레는 그 떡을 먹으며 자라요.

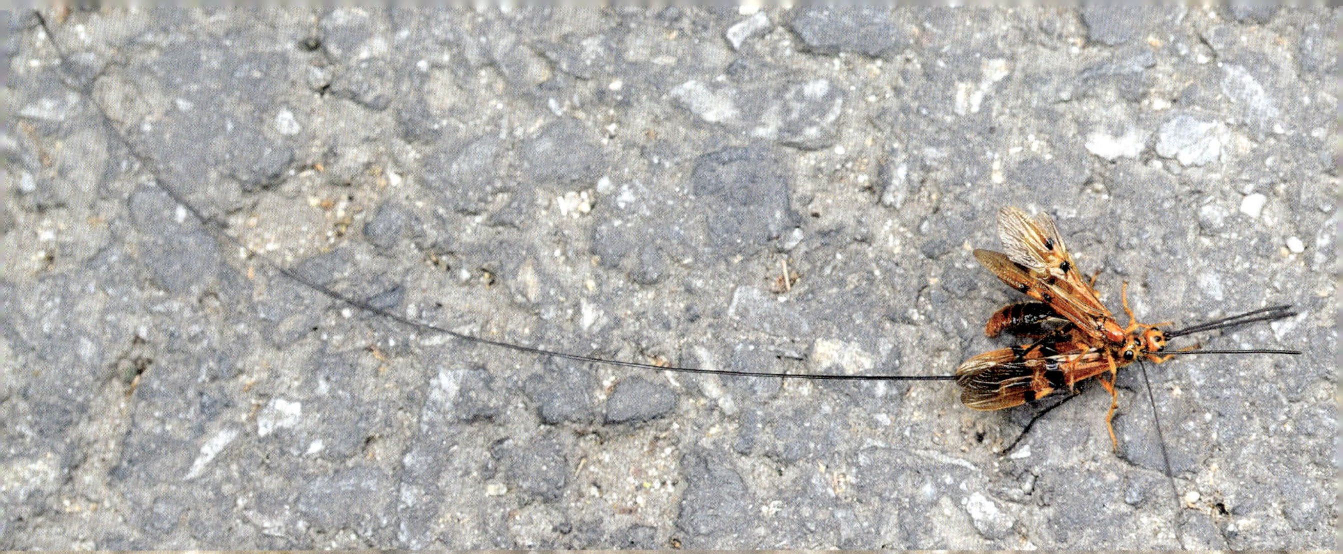

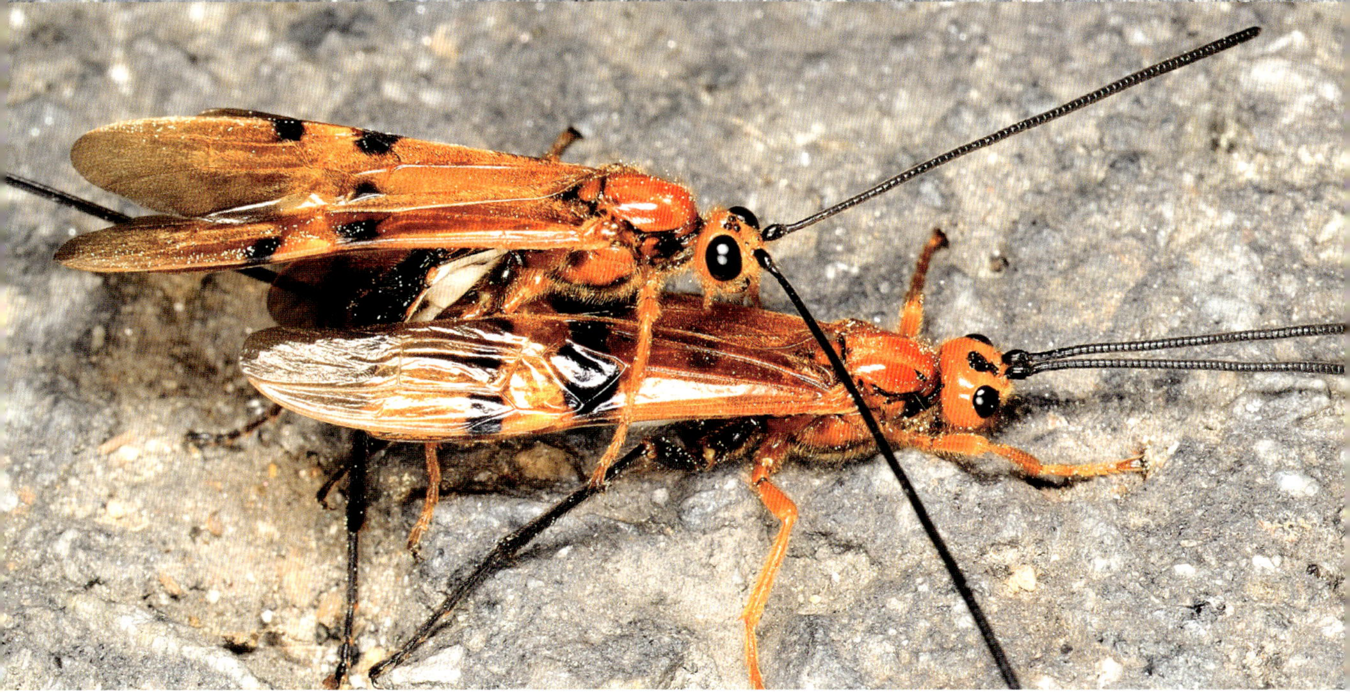

벌목 고치벌과

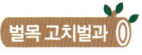

말총벌

'말총'은 말 꼬리나 갈기의 털을 뜻해요. 암컷 산란관이 무척이나 길어서 말총이라는 이름이 붙었어요. 죽어 가는 나무속에서 지내는 하늘소 애벌레에 긴 산란관을 꽂아 알을 낳아요. 알에서 깨어난 애벌레는 하늘소 애벌레를 먹고 자라요. 몸길이는 2cm도 안 되는데 산란관은 15cm가 넘어요.

PART 07
파리 무리

곤충에게 있는 앞날개 두 장과 뒷날개 두 장
가운데 뒷날개 두 장이 사라진 무리예요.
사라진 뒷날개는 평균곤이라는 균형 감각을
잡는 기관으로 변해서
다양한 방법으로 나는 데에 도움을 줘요.
그래서 파리들은 앞날개 한 쌍만으로도
정지 비행, 곡예 비행도 멋지게 할 수 있어요.

수중다리꽃등에

머리 대부분을 차지할 만큼 눈이 커요. 주둥이는 먹이를 핥아 먹기 좋게 생겼어요.
뒷다리 근육이 알통처럼 부풀어서 수중다리라는 이름이 붙었어요.
봄부터 가을까지 꽃이 핀 곳이면 어디에서든지 볼 수 있어요.
꽃등에 무리는 벌 생김새를 흉내 낸 파리예요.

파리목 등에과

왕소등에

주둥이가 아주 튼튼해 보여요.
더듬이가 짧은 뿔처럼 생겼어요. 가슴 주위로 털이
보송보송 나 있어서 털 조끼를 입은 것 같아요.
소나 말의 피를 빠는데, 가끔은 사람도 공격해요.
근육이 울룩불룩한 주둥이로 가축의 피부를 찢기 때문에
물리면 무척 아파요. 왕소등에에게 물린 자리는 푸르스름하게
멍이 들면서 2주 정도는 자국이 남고 한동안 가려워요.

파리목 재니등에과

빌로오도재니등에

털북숭이 머리에 주둥이가 길게 뻗었어요. 온몸이 갈색 털로 덮였어요. 이른 봄에 낮은 산자락 꽃 근처에서 정지 비행하는 모습을 많이 볼 수 있어요. 암컷은 벌 둥지에 다가가 입구 위에서 알을 낳아 떨어트려요. 벌집에서 깨어난 애벌레는 벌 애벌레를 잡아먹으며 자라요.

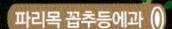
파리목 꼽추등에과

꼽추등에

등이 굽었고 볼록해요. 주둥이가 바늘처럼 길고 뾰족해요.
그러나 꿀을 빠는 입이므로 쏘거나 찌르지는 않아요.
산길을 걷다가 땀을 흘릴 때 앵앵 거리면서 얼굴로
달려드는 날파리가 있다면
꼽추등에일
가능성이 높아요.

파리목 파리매과

광대파리매

생김새부터가 타고난 사냥꾼 같아요.
겹눈이 무척 크고, 가슴 근육은 튼튼해요.
다리에는 억세고 날카로운 가시가 있어요.
힘차게 날아다니며 곤충 종류를 가리지 않고
사냥해요. 나비, 잠자리, 풍뎅이, 파리 등을
잡아 몸속에 주둥이를 찔러 넣고
체액을 빨아 먹어요.

파리목 기생파리과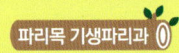

노랑털기생파리

몸은 뚱뚱하고 거친 털이 듬성듬성 나 있어요. 털이 아니라 꼭 쇠침을 박아 놓은 것 같아요. 이른 봄부터 늦가을까지 산자락에 핀 여러 꽃에서 보이며, 특히 늦가을 국화 종류에서 많이 보여요. 애벌레가 다른 곤충 몸에 빌붙어 살기 때문에 기생파리라는 이름이 붙었어요.

파리목 과실파리과

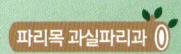

호박꽃과실파리

노란 얼굴에 검은 점이 한 쌍 있어요. 주둥이가 뭉툭해서 꼭 산소 마스크를 쓴 것 같아요. 과실파리들은 과일이나 채소에 알을 낳아요. 호박꽃과실파리 암컷은 호박에 알을 낳고, 알에서 깬 애벌레는 호박 수꽃 봉오리를 먹으며 자라요.

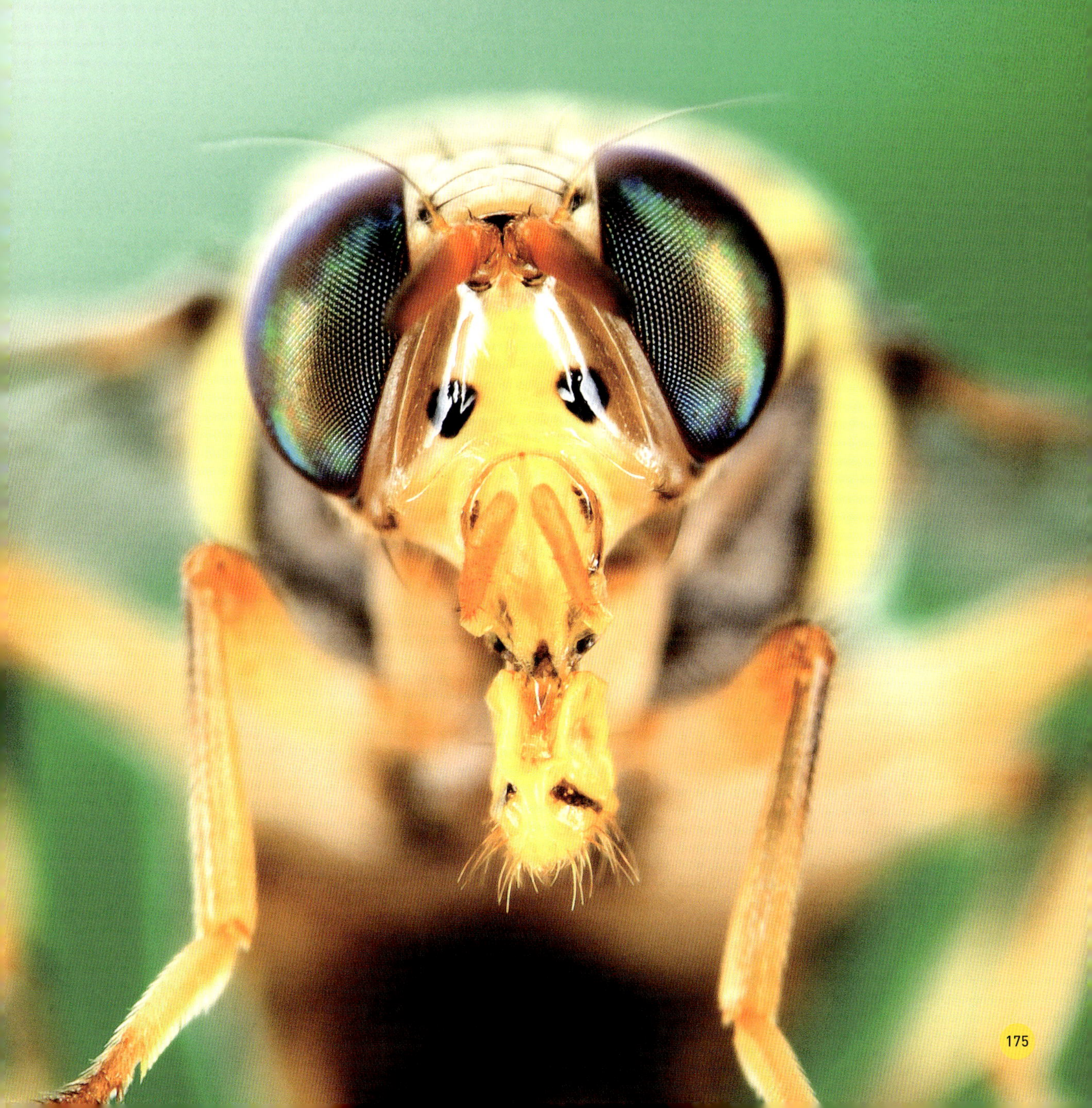

파리목 동애등에과

아메리카동애등에

초록색 눈에는 보라색 얼룩무늬가 있어서 어지러워 보여요. 주둥이가 없어서 아무것도 먹을 수 없지만 애벌레 시기에 모아 둔 에너지로 잘 버틸 수 있어요. 외국에서 들어와 우리나라에 정착한 파리예요.

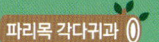

잠자리각다귀

이게 파리라고요? 머리가 아주 작아서 눈만 있는 것 같아요. 가슴 근육이 엄청나게 크고 다리와 날개도 매우 길어요. 긴 다리는 너무 쉽게 떨어져요. 생김새는 완전히 다르지만 각다귀들도 파리 무리에 속해요. 몸길이가 3cm나 되어서 많은 사람이 커다란 모기라고 생각해요.

PART 08
다른 여러 무리

앞에서는 널리 알려진 무리를 골라 소개했어요.
그러나 곤충에는 풀잠자리 무리, 뱀잠자리 무리,
강도래 무리, 바퀴 무리, 집게벌레 무리,
하루살이 무리처럼 다른 무리도 많아요.
같이 살펴보아요.

밑들이목 밑들이과

참밑들이

머리에 비해 주둥이가 무척 커요. 배 끝이 들려 있어서 밑들이라는 이름이 붙었어요.
작은 곤충이나 식물, 이끼를 먹고살아요.

풀잠자리목 명주잠자리과

명주잠자리

애벌레는 네모난 머리에 집게 같은 큰턱이 있어요.
머리 끝에 알알이 까만 눈이 박혀 있어요.
애벌레 때 깔때기 모양 함정 집을 짓고 거기에 빠지는
개미를 잡아먹기 때문에 애벌레를 개미귀신이라고도
불러요. 함정에 빠진 개미를 날카로운 큰턱으로 물고
들어가 체액을 빨아 먹어요. 바위 밑이나 큰 나무,
벤치 아래처럼 빗물이 떨어지지 않는 곳에 집을
짓고 지내며, 작은 모래 알갱이를 모아 공처럼
빚어 그 속에서 번데기가 되었다가 잠자리처럼
생긴 어른벌레가 되어요.

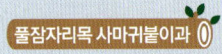
풀잠자리목 사마귀붙이과 ①

애사마귀붙이

겹눈에 금속 광택이 돌아 또렷하게 보여요.
상반신은 사마귀를 닮았고 하반신은 벌을 닮았어요.
작은 곤충을 잡아먹어요. 거미 알집에 알을 낳아 붙어사는 습성이 있어요.
'붙이'라는 말은 쇠붙이, 피붙이처럼 한통속, 같은 종류라는 뜻이에요.
사마귀랑 비슷하게 생겨서 이런 이름을 붙인 듯해요.

뱀잠자리목 뱀잠자리과

뱀잠자리붙이

머리가 울퉁불퉁해요. 머리 가운데에 작은 홑눈이 있어요.

애벌레가 산지 계곡에 살기 때문에 어른벌레도 계곡 주변에서 볼 수 있어요.

날개를 펼치면 잠자리와 비슷하지만 잘 날지는 못해요.

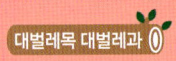 대벌레목 대벌레과

분홍대벌레

생김새가 대나무 같다고 해서 붙은 이름이에요. 나뭇가지에 달라붙어 있으면 나뭇가지와 비슷해서 알아채기 어려워요. 위험을 느끼면 다리를 떼어 내고 도망가요. 그렇지만 곧 다리가 다시 생겨나요. 걸을 때는 좌우로 몸을 흔들며 뒤뚱뒤뚱 거려서 우스꽝스러워요.

바퀴목 사마귀과 ①
사마귀

몸 빛깔과 색깔이 같은 눈, 삼각형 머리, 자유자재로 돌릴 수 있는 목 때문에 보기만 해도 무서워요. 눈에는 까만 점이 있어요. 낫처럼 생긴 날카로운 앞다리로 작은 곤충을 사냥하며, 짝짓기가 끝나면 암컷이 수컷을 잡아먹는 일이 많아요.

하루살이목 납작하루살이과

봄처녀하루살이

수컷 눈은 물방울 모양이며 눈 위쪽 반이 검어요.
암컷 눈은 납작한 찐빵 같고 하얘요.
위에서 내려다보면 조개껍데기처럼도 보여요.
이른 봄에 계곡 주변에서 볼 수 있어요.

강도래목 강도래과

진강도래

눈은 머리 양옆에 까만 콩처럼 박혔어요. 가슴과 머리가 쭈글쭈글해요. 날개가 크지만 잘 날지는 못해요. 강도래들은 깨끗한 산간 계곡에 살아요. 애벌레 때 물속에 살며 작은 동물을 잡아먹어요.

집게벌레목 집게벌레과

고아로브집게벌레

꽁무니에 집게가 있어요. 딱지날개가 몸통의 절반도 덮지 못할 만큼 짧아요. 아마도 땅바닥을 기어 다니며 지내기 때문에 딱지날개가 반쯤 퇴화한 것 같아요. 반짝이는 파란색과 노란색, 갈색이 잘 어우러진 속날개가 멋져요. 평소에는 이 속날개를 3단으로 접어 딱지날개 속에 넣고 있어요. 날개를 펼쳐 날아다니는 모습은 10월에 많이 볼 수 있어요.

찾아보기

ㄱ

가는실잠자리 131
갈색날개노린재 92
갈색여치 124
검정무늬비단벌레 33
고려나무쑤시기 39
고마로브집게벌레 190
고오람왕버섯벌레 40
고추좀잠자리 137
광대노린재 96
광대파리매 173
긴가위뿔노린재 100
긴은점표범나비 71
길앞잡이 16
깃동잠자리 140
꼽추등에 172

ㄴ

날개띠좀잠자리 136
날베짱이 122
남가뢰 37
남방노랑나비 56
남생이무당벌레 34
납작혹벌 161
넓적사슴벌레 45
네발나비 68
노랑얼룩거품벌레 106
노랑털기생파리 174
누런줄뭉툭맵시벌 160

늦털매미 102

ㄷ

다리무늬침노린재 99
대왕나비 74
대왕노린재 94
대왕팔랑나비 78
도토리밤바구미 20
들신선나비 70
등검은메뚜기 118
등검정쌍살벌 153
땅강아지 127

ㅁ

만주귀매미 104
말총벌 165
먹줄왕잠자리 143
멋쟁이딱정벌레 24
명주잠자리 181
모시나비 66
무늬긴날개멸구 108
무늬수중다리좀벌 162
물잠자리 130

ㅂ

바둑돌부전나비 58
박각시 80
밤나무산누에나방 82
방아깨비 119

방울실잠자리 132
배자바구미 22
뱀잠자리붙이 184
뱀허물쌍살벌 155
보라금풍뎅이 30
봄처녀하루살이 188
분홍다리노린재 95
분홍대벌레 186
빌로오도재니등에 171
뿔나비 67

ㅅ

사마귀 187
사슴풍뎅이 31
산깃동잠자리 141
산맴돌이거저리 36
산호랑나비 62
소금쟁귀매미 105
소바구미 23
쇠측범잠자리 144
수중다리꽃등에 168
쌍복판눈수염나방 86

ㅇ

아메리카동애등에 176
아시아실잠자리 134
아이누길앞잡이 18
알락하늘소 48
애기세줄나비 72

애둥글잎벌레 43
애사마귀붙이 182
양봉꿀벌 148
어리곤봉자루맵시벌 158
어리호박벌 149
얼룩대장노린재 90
여치 126
열점박이알락가위벌 164
옻나무바구미 21
왕바다리 153
왕소등에 170
왕오색나비 73
왕청벌 157
왕침노린재 98
우리목하늘소 47
우리벼메뚜기 116
유지매미 103

중국청람색잎벌레 44
중베짱이 120
진강도래 189
진노란잠자리 142

ㅊ
참땅벌 154
참밑들이 180
청띠신선나비 69

ㅋ
콩중이 112
큰남생이잎벌레 42
큰넓적송장벌레 38
큰주홍부전나비 60
큰줄흰나비 57
큰털보먼지벌레 26

ㅈ
작은검은꼬리박각시 79
작은우단하늘소 52
잠자리각다귀 177
장수말벌 150
제비나비 64
제주노린재 93
줄무늬감탕벌 163
줄박각시 81
줄육니청벌 156
줄점팔랑나비 76

ㅌ
톱다리개미허리노린재 97
톱사슴벌레 46

ㅍ
풀무치 114
풍뎅이 28

ㅎ
하늘소 50
호박꽃과실파리 175

호박벌 149
홍딱지반날개 41
홍줄노린재 91
황다리독나방 84
흰얼굴좀잠자리 138
흰점박이꽃무지 32